汽车达人大讲堂系列

手把手教你安全驾驶
风险预判与防御技巧
（视频教学版）

主　编　何书同
副主编　梁少雍　王　磊
参　编　张秀华　何建鹏　周亚军　张　艳

机械工业出版社

本书采用了实景驾驶的教学方式，分别对高速公路，国道、省道及县乡道路，城市道路，以及特殊路段等不同场景的风险预判和防御技巧做了详细讲解，还对新手驾驶人在道路驾驶中经常遇到的问题做了有针对性的讲解。

本书的特点是：以现场实景呈现，既有理论知识又能联系实际；本书是编者 20 多年安全驾驶经验的提炼，重点突出预判和防御在道路驾驶中的实际运用，既传授了驾驶技巧又提供了驾驶思路。

大多数刚拿到驾照的新手驾驶人都存在以下两种情况：一种是对道路驾驶有恐惧感，不敢独自开车上路；另一种是敢于上路，但是预防风险和处置风险的能力不足。本书刚好弥补了从驾校到实践的这个衔接空白期。

对于开车多年的驾驶人而言，由于开车环境和行驶里程等原因，有些场景并未经历过也无相关驾驶经验，本书给大家提供了一个借鉴学习的捷径。本书也适用于商业运输单位驾驶员的安全培训。

图书在版编目（CIP）数据

手把手教你安全驾驶：风险预判与防御技巧：视频教学版 / 何书同主编. --北京：机械工业出版社，2024.7（2025.4重印）.--（汽车达人大讲堂系列）. -- ISBN 978-7-111-76041-2

Ⅰ. U471.15

中国国家版本馆CIP数据核字第2024QQ9822号

机械工业出版社（北京市百万庄大街22号　邮政编码100037）
策划编辑：齐福江　　　　　责任编辑：齐福江　章承林
责任校对：肖　琳　刘雅娜　责任印制：李　昂
封面设计：马若濛
北京捷迅佳彩印刷有限公司印刷
2025年4月第1版第2次印刷
184mm×260mm・9.25印张・152千字
标准书号：ISBN 978-7-111-76041-2
定价：69.90元

电话服务　　　　　　　　　网络服务
客服电话：010-88361066　　机　工　官　网：www.cmpbook.com
　　　　　010-88379833　　机　工　官　博：weibo.com/cmp1952
　　　　　010-68326294　　金　书　网：www.golden-book.com
封底无防伪标均为盗版　机工教育服务网：www.cmpedu.com

前　言

　　驾驶车辆，是现代人出行代步必不可少的基本技能，也是一项实践性很强的技术。你拿到驾驶证的时间再长，但如果没有实际道路驾驶经验，当遇到复杂路况时，可能会产生处置措施不合理或者操作失当的问题，就极其容易导致交通事故的发生，而发生交通事故就可能造成车损人伤甚至是车毁人亡。所以，道路驾驶容错率很低，安全驾驶不可忽视。

　　很多交通事故的发生，看似偶然，但分析起来也都有其必然性，道路驾驶的最高境界并不是遇到危险情况时如何处置，而是能够做到预判和防御驾驶。具体来讲就是通过对当前动态路况做出预先判断，提前采取措施做好防御，把可能发生的事故提前进行化解。

　　本书编者以亲自驾驶车辆的第一视角把读者代入实景路况中，让读者如身临其境一样，在真实体验中领会预判和防御驾驶的真谛，学会在不同场景中采用不同的预判方法，根据不同场景的不同预判采取相应的防御措施。通过将各章内容以实景代入的讲解方式呈现，让预判和防御驾驶的思路深入读者心中，并升华为驾驶中的本能反应，那么本书的目的就达到了。

　　本书共五章，内容分别为高速公路驾驶，国道、省道及县乡道路驾驶，城市道路驾驶，新手开车上路以及特殊路段风险防范。为了便于读者理解，每章都配有实景视频和动画演示。读者可以根据自己的需要有选择地阅读观看，也可以系统全面地阅读观看，相信开卷必有益。为便于大众读者阅读，书中一些专业技术术语采用俗称。

　　本书内容和观点主要来自于编者20多年的驾驶心得和体会总结，由于编者理论水平有限，书中难免有不足之处，请读者提出宝贵意见和建议，在此深表感谢！

　　本书在编纂过程当中，得到了济南市交警支队、长沙市交警支队、泰安市高速交警大队的指导和大力支持，在此深表谢意！

编　者

目 录

前言

第一章
高速公路驾驶 / 001

一、高速公路连接线汇入口的风险预判、防御技巧 / 001

二、双车道高速公路超车的风险预判、防御技巧 / 005

三、高速公路右转出口的风险预判、防御技巧 / 010

四、高速公路大货车的风险预判、防御技巧 / 013

五、高速公路超大货车的风险预判、防御技巧 / 016

六、高速公路连接线弯道行驶的风险预判、防御技巧 / 019

七、装载事故车辆的大货车的风险预判、防御技巧 / 022

八、路遇货物倾斜的大货车的风险预判、防御技巧 / 025

九、高速公路多通道出口的风险预判、防御技巧 / 028

十、服务区出口匝道的风险预判、防御技巧 / 031

第二章
国道、省道及县乡道路驾驶 / 034

一、省道路口右转弯时的风险预判、防御技巧 / 034

二、国道过路口时视线盲区的风险预判、防御技巧 / 037

三、县乡道路常见的风险预判、防御技巧 / 040

四、省道路口排队等候信号灯的风险预判、防御技巧 / 044

五、省道路口抢左转的风险预判、防御技巧 / 047

六、在国道、省道驾驶时穿插变道的风险预判、防御技巧 / 049

七、省道与乡村道路交叉口的风险预判、防御技巧 / 053

八、公路道路驾驶中，障碍物盲区的风险预判、防御技巧 / 056

九、双向两车道借道超车的风险预判、防御技巧 / 059

十、乡镇街道驾驶的风险预判、防御技巧 / 063

第三章

城市道路驾驶 / 067

一、城市高架路经过右转出口的风险预判、防御技巧 / 067

二、城市高架路变道时机的风险预判、防御技巧 / 070

三、城市快速路超车变道的风险预判、防御技巧 / 074

四、前车车轮行驶轨迹的风险预判、防御技巧 / 076

五、减速变道和加速变道的风险预判、防御技巧 / 077

六、变道盲区的风险预判、防御技巧 / 081

七、前车变道未打转向灯的风险预判、防御技巧 / 085

八、让速与让道的风险预判、防御技巧 / 087

九、路口导向车道被阻的风险预判、防御技巧 / 090

十、车辆路口掉头的风险预判、防御技巧 / 093

第四章

新手开车上路 / 096

一、跟行前车的风险预判、防御技巧 / 096

二、路口灯头灯尾的风险预判、防御技巧 / 098

三、过路口车道选择的风险预判、防御技巧 / 100

四、过路口遇阻变道的风险预判、防御技巧 / 102

五、可变车道通行的风险预判、防御技巧 / 106

六、特殊标线车道行驶的风险预判、防御技巧 / 108

七、让行汇入路口的风险预判、防御技巧 / 110

八、连续弯道驾驶的风险预判、防御技巧 / 111

九、高架路紧急停车的风险预判、防御技巧 / 113

十、无信号灯路口驾驶的风险预判、防御技巧 / 115

第五章

特殊路段风险防范 / 118

一、行经高架路出入口的风险预判、防御技巧 / 118

二、隧道口连续变道的风险预判、防御技巧 / 122

三、主辅路相交路口的风险预判、防御技巧 / 124

四、高架桥下桥口掉头车辆的风险预判、防御技巧 / 126

五、隧道内变道操作的风险预判、防御技巧 / 128

六、隧道驾驶的风险预判、防御技巧 / 131

七、斜道汇入车辆连续变道的风险预判、防御技巧 / 133

八、立交桥双向车道弯道下坡的风险预判、防御技巧 / 134

九、特殊路口行驶方向的风险预判、防御技巧 / 136

十、坡道弯路 T 形交叉路口的风险预判、防御技巧 / 138

Contents

第一章 高速公路驾驶

一、高速公路连接线汇入口的风险预判、防御技巧

在高速公路驾驶中,高速公路连接线汇入口处,二合一车道路况复杂,因变道超车导致的追尾事故频发。本节通过一段高速公路连接线汇入口的实景驾驶,带给大家一些启发。

 场景介绍

高速公路连接线即将走完,前方即将到达汇入口,当前车道即将由两条车道合并为一条车道,视频车跟行在大货车后面,一辆黑色轿车在这个位置追超而过(图1-1)。

图1-1 二合一车道场景示意图

潜在风险

左侧车道向右合并为一条车道（图1-2），黑色轿车超车后必然要向右变道，具有追尾前方大货车和被视频车追尾的风险。

图1-2　保持距离在右侧车道跟行示意图

 风险预判与防御技巧

视频车现在正在高速公路连接线中行驶，前方大货车行驶速度较慢（图1-2），视频车继续在右侧车道保持距离匀速跟行，因为前方即将到达主干道交汇点，已经不再适宜超车。

左侧车道前方，出现向右前方行驶的标线（图1-3），说明前方即将到达汇入口，左侧车道向右合并为一条车道。

此时，一辆黑色轿车从左侧车道追超而过（图1-4）。因为左侧车道向右合并，为防止追尾前车，黑色轿车司机一路点着刹车，然后顺势向右变道到视频车与大货车之间的右侧车道。黑色轿车的突然加入，填充了视频车与大货车的安全距离，为了再次拉开安全距离，同时提前给视频车留出汇入时所需要的提速空间，被超车后，视频车需要通过进一步减速，扩大与黑色轿车的距离。

1-1 高速公路连接线汇入口的风险预判、防御技巧

第一章 高速公路驾驶

图 1-3　向右并道标线示意图

图 1-4　黑色轿车超车示意图

　　黑色轿车这个超车实在没必要，导致了与大货车距离更近（图 1-5），行驶安全性变差，什么好处都没有。

　　持续点亮的刹车灯说明刚才超车时黑色轿车司机是多么豪情万丈，车道的突然收窄，才使得他的继续超车行为戛然而止。

003

图 1-5　黑色轿车与大货车距离示意图

黑色轿车司机在视频车后变道到左侧车道之后,应该先于视频车司机看到前方即将到达汇入点(图 1-6),为什么他还着急超车呢?

图 1-6　黑色轿车变道后、超车前看到的前方路况示意图

有些司机开车就是容不得别的车挡在他前面,不管有无超车条件,见空就超,这不是一个好习惯。

黑色轿车超车后一直紧追在大货车后面(图 1-7)。对于在高速公路行驶,特别是驶入汇入口时,黑色轿车跟行如此之近,会使它在进入提速车道后没有提速的空间。除非黑色轿车提速特别快,否则,它就可能会被主干道快速开过来的后车追尾。

图 1-7　黑色轿车超车后跟行大货车示意图

■■　小　结　■■

在高速公路连接线汇入口行驶时,要避免在合并车道并线时超车,同时要避免因他人超车并道造成的潜在危险。

1-1 动画

二、双车道高速公路超车的风险预判、防御技巧

在高速公路驾驶中,超车是一个正常现象,由于大货车速度较慢,所以超过大货车的机会比较多。在多次超车过程中,隐藏着一些未知的风险。

 场景介绍

双车道高速公路上,视频车在左侧车道行驶,前方一辆黑色轿车正在超车(图 1-8),等待黑色轿车超车完毕后,视频车也计划超过右侧篷布大货车。

图 1-8　前方黑色轿车正在超车示意图

⚠️ **潜在风险**

跟超具有一定的风险。视频车如果与黑色轿车一起超车（图 1-9），一旦前方发生紧急情况，会使视频车失去避险空间。同时也存在篷布大货车突然变道的风险。超车时，如果篷布大货车前方遇阻，突然向左变道将发生风险；如果篷布大货车向左变道，此时视频车从右侧超车，但篷布大货车突然向右变道，会使视频车来不及躲避。

图 1-9　跟行黑色轿车一起超车示意图

风险预判与防御技巧

双车道高速公路上,前方黑色小轿车刚刚超过篷布大货车以后,篷布大货车行驶轨迹突然变化(图1-10),突然向左变道,变道开始以后才想起来打转向灯。

1-2 双车道高速公路超车的风险预判、防御技巧

图 1-10　篷布大货车行驶轨迹突然变化示意图

这个场景告诉我们:不要跟超。假如视频车在行驶中紧跟在黑色轿车后面一起超车,当黑色轿车超过去以后,篷布大货车无论是主观上的疏于观察,还是客观上存在观察不到的盲区,它突然向左变道(图1-11),都会使正在快速超车的视频车处于被动当中。

图 1-11　篷布大货车突然向左变道示意图

篷布大货车突然中止超车，打开了右转向灯，在这个右转出口位置又回到了右侧车道内（图1-12），视频车继续跟行前面的篷布大货车。

图1-12　篷布大货车变回右侧车道示意图

这个场景告诉我们：当篷布大货车向左变道的时候，一定是因为其前方遇到了障碍（图1-13），所以视频车不要自作聪明地追上去，试图在篷布大货车右侧超车。原因在于：右侧车道前方还有大货车或者其他障碍物，视频车可能过不去；更重要的是，视频车在右侧处于篷布大货车的盲区内，假如篷布大货车突然向右变道，也会使视频车处于危险之中。

图1-13　前方大货车向左变道示意图

就在篷布大货车选择了继续跟行时，前方大货车却选择了向左变道。这个变道并无预兆，也根本没有打转向灯，并不符合常规的场景。篷布大货车之所以变回到右侧车道，说明前方路况并不适合超车。

假如篷布大货车变回到右侧车道后，视频车没有继续观察，而是直接提速超车（图1-14），那么就可能与突然变道的大货车产生交集。

图1-14　提速超车产生交集示意图

那该怎么超车呢？首先观察超车的大货车，看它超车是否顺利。当超车的大货车与篷布大货车拉开足够的交错距离后（图1-15），视频车再进行超车。也就是说，视频车不会在超过篷布大货车后，因为前方大货车的阻挡，而导致被动且长时间地与篷布大货车并行。

图1-15　大货车与篷布大货车拉开车距示意图

其次观察篷布大货车行驶轨迹是否稳定，若篷布大货车行驶轨迹稳定，则打开左转向灯，闪大灯，以提示篷布大货车：我要超车了。再次确认篷布大货车行驶轨迹是否稳定（图1-16），若稳定，则深踩油门提速，目视正前方，把稳方向盘，尽快超过。

图1-16　超车前观察大货车示意图

1-2 动画

■■ 小　结 ■■

高速公路超车不能盲目。第一，不能跟超；第二，不要从右侧超大货车；第三，超大货车时，首先确认大货车行驶轨迹是稳定的，即它行驶的车道前方在近距离内没有障碍物，确保在超车时，大货车不会突然变道。

三、高速公路右转出口的风险预判、防御技巧

高速公路右转出口位置经常发生因车辆临时变道甚至突然停车等待变道导致的追尾事故。因此，在行经出口，特别是出口位置车辆扎堆时，要特别注意。通过本节内容让大家明白风险、懂得防御。

场景介绍

三车道高速公路，即将到达右转出口位置（图1-17），第二车道和第三车

道之间出现实线车道线,最右侧出现驶出当前道路的减速车道,前方各车道均有车辆。

图 1-17　即将到达右转出口位置示意图

 潜在风险

要注意前方各车道的车辆,特别是当车辆开始扎堆时,随时可能有车辆减速或者突然变道驶向右转出口,紧跟其后的本车道车辆,以及相邻车道的后车,可能受到突然减速或者突然变道车辆的影响,极易发生追尾甚至连环追尾事故。

 风险预判与防御技巧

前方三车道内车辆速度相当,并没有超车机会,视频车之所以始终与前车保持一个安全车距(图1-18),就是有安全方面的考虑。

当前正处在右转出口的位置(图1-19)。行驶在第一车道前方的车辆如果发现自己即将错过出口,很可能骤然减速甚至直接停下来让过右侧车道车辆后,就地向右变道。视频车如果恰好跟行太近,那么追尾就是大概率事件。

相对于第一车道来讲,第二车道和第三车道的车辆被前方这种突然停车或者突然向右变道的车辆影响到的概率会更大一些(图1-20)。由于这种情况引发的高速公路出口追尾事故是最常见的高速公路交通事故之一。

1-3 高速公路右转出口的风险预判、防御技巧

图 1-18　保持安全车距示意图

图 1-19　前方右转出口位置示意图

图 1-20　第二、第三车道车辆示意图

行经高速公路出口位置,要主动选择左侧车道行驶,主动与前车保持安全车距。假如视频车行驶在中间车道,不仅要与前车保持距离,还要与前方左侧车道的车辆保持交错的安全距离。要避免走右侧车道,更不能在右侧车道去寻找超车机会。

■■ 小 结 ■■

1-3 动画

行经高速公路出口,应与前车保持车距,避开右侧车道,选择左侧车道,注意观察前车动向,杜绝在右侧车道超车。

四、高速公路大货车的风险预判、防御技巧

多车道高速公路是大货车比较集中的路段,也是风险易发路段。本节通过实景驾驶讲解,教给小型车司机如何与大货车安全相处。

 场景介绍

三车道高速公路上,前方第二车道和第三车道的大货车正在呈队列状态行驶(图1-21)。第三车道上的一辆大货车,打着左转向灯向左变道,也正在加入超车的行列。

图1-21 三车道高速公路车辆示意图

一辆白色小型车也行驶在第三车道上，其前方、后方和左侧均有大货车，处于大货车的包围之中（图 1-22）。

图 1-22　白色小型车所处位置示意图

潜在风险

小型车处于大货车集群当中，长时间与前后左右的大货车相伴，由于大货车视野盲区大，刹车距离长，无论是大货车突然变道，还是大货车速度失控，对小型车都会构成潜在的危害。

风险预判与防御技巧

对于小型车来讲，高速公路行驶要牢记三条纪律：

第一条，绝不长时间跟行在大货车后面（图 1-23）。因为大货车体积大，容易遮挡你的视野，不利于你观察和判断前方路况。

第二条，绝不长时间与大货车并行（图 1-24）。因为大货车车身既长又宽，自身盲区较大，大货车司机在没有注意到你的情况下，方向稍微一偏很容易影响到你，甚至直接挤到你的车辆。

1-4 高速公路大货车的风险预判、防御技巧

图 1-23　跟行大货车示意图

图 1-24　与大货车并行示意图

第三条，绝不让大货车紧跟在你的后面（图 1-25）。当大货车满载的时候，起步比较困难，所以跑起来也就不舍得踩刹车，如果是遇到紧急情况需要紧急刹车，即便刹车没有失效，那么刹车距离也会比较长，容易造成追尾事故。而大货车追尾小型车的后果往往是碾压式的。

图 1-25　后方大货车紧跟示意图

基于以上三条纪律,在右侧两条车道有大量大货车的情况下,小型车最好选择第一车道行驶,速度不要快也不要慢:快了也没有超车机会,只会导致车距变小,不安全;慢了,既会影响道路通行效率,也会导致后车跟行距离太近。最佳状态是尽量避免长时间与右侧大货车并行,同时要兼顾前后车距,与前后车辆保持匀速行驶。

小 结

在高速公路上行驶时,与大货车相处之道是不跟行、不并行、不被跟行。用一句话说,就是远离大货车。

1-4 动画

五、高速公路超大货车的风险预判、防御技巧

高速公路超车,特别是超大货车时,很多司机会有紧张心理,因为这样做有潜在风险的存在。本节内容将揭示潜在风险在哪里,以及如何有效防御风险。

 场景介绍

三车道高速公路左侧车道上,视频车前方黑色轿车正在追超中间车道的大货车(图 1-26)。视频车保持车距跟行在黑色轿车后方,接下来也打算超车。

第一章 高速公路驾驶

图 1-26　左侧车道黑色轿车超车示意图

 潜在风险

跟行黑色轿车一起超车的跟超风险；追超中间车道大货车时，大货车突然向左变道，追尾大货车或者被大货车剐蹭到的风险。

🚘 风险预判与防御技巧

在黑色轿车完全超越大货车之后（图 1-27），视频车才能开始超车，以避免黑色轿车超车过程遇阻，甚至紧急刹车导致被动追尾。

图 1-27　超车条件示意图

1-5 高速公路超大货车的风险预判、防御技巧

017

根据大货车一直行驶在中间车道判断,在第三车道前方不远的地方,很可能有相对慢一点的车辆或者其他障碍物。因此,在进入大货车左侧前,打开左转灯,并抬一下灯光操作杆,闪一下车大灯(图1-28)。这两个动作虽然不是规定动作,也不是每次追超时都要使用,但在这个场景下,就是提醒被超车辆司机:我马上要超车了,请不要向左靠近,更不要向左变道。

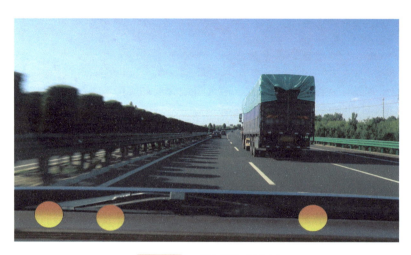

图1-28 超车闪灯示意图

就在距离进一步拉近的时候,发现大货车行驶轨迹发生细微变化(图1-29),行驶轨迹略微向左靠近了一些,视频车立即松油门,暂时中止超车并继续观察。

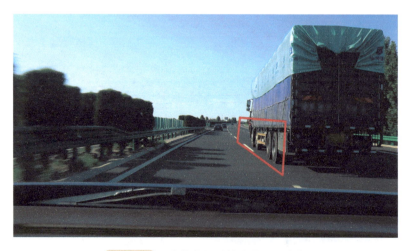

图1-29 大货车行驶轨迹变化示意图

随后，当看到大货车前轮行驶轨迹开始向右略微摆斜，虽然后轮还轧行在车道线上，但是前轮与车道线出现一个小的夹角（图1-30）。这说明大货车即将回归原车道，视频车可以加速超车了。

图 1-30　前轮与车道线夹角示意图

■■　小　结　■■

在高速公路上准备追超相邻车道大货车时，避免跟行前车一起超车。超车前观察被超车辆行驶轨迹变化，发出超车信号，当发现异常时，及时中止超车，确认安全后加速追超。

1-5 动画

六、高速公路连接线弯道行驶的风险预判、防御技巧

两条高速公路之间都是由一段弯道连接的。高速公路连接线弯道行驶风险主要集中在三个方面，通过本节内容逐一讲解。

场景介绍

高速公路连接线的弯道路段，中间车道线为虚线，大货车虽然靠右行驶，但是左侧车身已经骑线行驶在了中间车道线上（图1-31）。

图 1-31　高速公路连接线弯道路段大货车骑线行驶示意图

⚠ 潜在风险

超车时,存在前方弯道盲区风险以及被大货车剐蹭挤压的风险。

🚗 风险预判与防御技巧

在这样的弯道上,到底能不能超车呢?

风险一:弯点盲区障碍物风险。前方即将进入向左转的弯道,这里看到弯点的距离大约几十米(图1-32),这比正常直行车道上目光所及的距离要近得多。假如视频车现在提速超车,对弯点前方是否有障碍物是看不到的。所以,在这种情况下,不能超车,要预防弯点前方突然出现障碍物。

1-6 高速公路连接线弯道行驶的风险预判、防御技巧

图 1-32　弯点盲区观察效果示意图

风险二：大货车内轮差风险。随着大货车向左转的前后轮轨迹来观察，超长的大货车在向左转的时候，前轮在逐渐向中心车道线靠近，后轮就开始轧行到车道线上了（图1-33）。在拐弯时，前轮走大圈、后轮走小圈的现象，叫作内轮差。

图1-33　大货车拐弯，后轮开始轧行车道线示意图

随着弯道的延伸，大货车后轮直接跨过了车道线很大一截，占用了左侧车道，内轮差越来越大（图1-34）。此时如果有车辆正在超车，就存在被大货车剐蹭甚至挤压的风险。

图1-34　大货车内轮差占用左侧车道示意图

风险三：货物坠落风险。弯道，特别是上下坡弯道，为了降低车辆拐弯时产生的离心力，设计上都会是一侧高一侧低（图1-35）。大货车满载时，如果货物捆扎不牢固、篷布和绳子被风吹起等，当行驶在不平路面的时候，车上散装货物存在坠落风险，篷布和绳子存在牵扯风险。超车时，两车处于近距离并行状态，出现货物坠落风险的概率就会大大增加，这也是必须要预防的。

图1-35　弯道路面一侧高一侧低示意图

1-6 动画

■■ 小　结 ■■

高速公路连接线弯道上，尽量避免超车，尤其是不要超大货车，靠右保持距离跟行，进入高速公路主干道后再择机超车。

七、装载事故车辆的大货车的风险预判、防御技巧

高速公路行驶中，经常会遇到装载事故车辆的大货车，如果是专业的车辆运输车还好，但若是非专业的运输车，则隐藏着较大的风险。

 场景介绍

前方中间车道上，一辆大货车上装载了一辆差不多同款的大货车（图1-36），被装载车辆的车头部位已经损坏，据此可以判断，这是一辆事故车。

第一章 高速公路驾驶

图 1-36　装载车辆示意图

 潜在风险

被超车辆变道风险；装载车辆坠落、倾翻风险。

风险预判与防御技巧

装载事故车，正常应该使用专用车辆。像这种装载同款大小的车辆，既不是专用车辆也可能不具备专业水平（图 1-37），存在因捆扎不牢导致被装载车辆坠落的风险。尤其是车辆在变道、急加速或者急刹车时，被装载车辆坠落、倾翻的风险更大。

图 1-37　非专业设备装载运输车辆示意图

1-7 装载事故车辆的大货车的风险预判、防御技巧

023

高速公路上遇到这样的车辆，有三个注意事项：

第一，不在正后方跟行，特别是不能近距离跟行（图1-38）。

图1-38　避免近距离跟行示意图

第二，不能并行，特别是不能长时间并行（图1-39）。

图1-39　避免并行示意图

第三，超车时，打开左转灯，闪大灯并且鸣笛，观察前车的前轮行驶轨迹（图1-40），确认行驶轨迹稳定。然后，观察前车的行驶前方，确认近距离没有障碍物后，提速尽快超过。

图 1-40　观察前车前轮行驶轨迹示意图

■■■ 小　结 ■■■

车辆运输车体积庞大、笨重，要避免近距离跟行和并行。根据车辆运输车的外貌特征判断，如果是非专业运输车，更要加倍警惕，敬而远之。

1-7 动画

八、路遇货物倾斜的大货车的风险预判、防御技巧

高速公路行车中，路遇装载货物的大货车很正常，但是，如果大货车装载较高的货物发生倾斜，就要格外注意了，本节对此做重点介绍。

　场景介绍

视频车现在在三车道高速公路左侧车道行驶（图 1-41），此时，一辆满载的大货车正在第二车道超车中。视频车适当减速、观察前方发现，大货车上的货物已经严重向左倾斜，一辆皮卡车正在小心翼翼地超车。

　潜在风险

货物坠落甚至翻车给并行车辆带来的风险。

图 1-41　三车道高速公路路况示意图

🛞 风险预判与防御技巧

按照规则，大货车在借道中间车道超车后，需要回到右侧车道行驶，但这辆大货车似乎没这个意思。关键是，它装载的货物已经向左倾斜（图 1-42）。随着车辆继续行驶而不断颠簸，货物的倾斜度也会越来越大，当到达临界点的时候，遇到路面颠簸加剧或者货车司机猛打方向盘，随时都可能会造成货物倾翻。

1-8 路遇货物倾斜的大货车的风险预判、防御技巧

图 1-42　大货车货物倾斜状态示意图

如果遇到这样的危险车辆时，应该怎么办呢？可以在接近这辆大货车时，通过频繁闪大灯的方式提醒大货车司机（图1-43）：一是让他注意自己车上的货物已经倾斜；二是提醒他靠右侧车道行驶。在闪大灯提醒时，暂时不要超车。

图 1-43　闪大灯提示大货车司机示意图

如果大货车司机没有反应，为了安全起见，可以逐渐向右变道，绕到大货车的右侧并超过去（图1-44）。只要超车后不立即变回到中间车道，就不算是违规右侧超车。

图 1-44　绕道超车示意图

小 结

1-8 动画

路遇大货车装载货物发生倾斜，超车时不要存在侥幸心理，利用灯光、喇叭提示，并做出最安全的超车方案。在没有超车条件的情况下，暂时保持距离跟行，不要冒险超车。

九、高速公路多通道出口的风险预判、防御技巧

高速公路多通道出口收费站的通道功能设置不同，使很多新手司机开车下高速时存在选择上的纠结，从而突然变道或停车辨别。本节内容介绍识别和选择通道出口的技巧。

场景介绍

前方即将到达高速公路的出口收费站（图1-45），通过出口通道的绿色LED屏可以判断，这个收费站有7个通道。没有安装ETC的车辆中，有的司机已经打开右转向灯，奔着最右侧通道方向驶过去了。

外地车辆或者不太熟悉出口通道设置的司机，正在这里纠结该走哪条车道（图1-46）。

图1-45 高速公路出口收费站示意图

第一章 高速公路驾驶

图 1-46　车辆临近出口选择通道示意图

 潜在风险

追尾和被追尾风险；突然变道造成的剐蹭风险。

 风险预判与防御技巧

即将到达高速公路多通道出口收费站，当看到灰色轿车刹车灯亮起突然减速时，说明该车司机在纠结到底应该选择哪一条通道（图1-47）。后车车速快或者跟行太近的话，容易导致追尾。同时，灰色轿车司机在犹豫片刻后，很可能要突然变道甚至大幅度打方向盘变道，容易使该车与两侧正在经过的车辆发生剐蹭。

第一，对于不熟悉的高速公路多通道出口，根据自己的车辆是否安装有ETC提前做出车道选择。通常情况下，人工通道设在出口右侧（图1-48）。提前选择好出口行驶方向，避免紧急刹车和猛然变道，导致被后车追尾剐蹭。

第二，临近出口要与前车保持车距，减速行驶，避免前车突然停车或者突然变道而导致的被动事故。

1-9 高速公路多通道出口的风险预判、防御技巧

第三，给自己的车辆安装 ETC 设备，让自己进出高速出口时有更多的选择。

图 1-47　前车临时改变方向示意图

图 1-48　人工通道位置示意图

■■ 小　结 ■■

在高速公路出口，尤其是不太熟悉的多通道出口，要保持车距减速行驶，提前预选通道，避免紧急刹车和猛然变道。

第一章　高速公路驾驶

十、服务区出口匝道的风险预判、防御技巧

高速公路长途驾驶中，在服务区短暂休息以后，出口匝道就是回到高速公路的必经之路。别看这只是短短的一段路，其信息量却很大。

 场景介绍

服务区出口匝道起点上，中间出现一条白色实线车道线，匝道上方前后设置了两组电子眼，右侧护栏处设置有多个道路交通标牌（图1-49）。

图1-49　服务区出口匝道示意图

 潜在风险

因不熟悉规则被抓拍处罚的风险；违规行驶导致的事故风险。

 风险预判与防御技巧

多数服务区出口匝道都是单车道，现在看到，前方匝道上有两个车道都是开口的（图1-50），很多新手司机不知道走哪一条车道。左侧有

1-10 服务区出口匝道的风险预判、防御技巧

031

箭头标线的是行车道，右侧没有箭头标线的是应急车道，只要记住这一点，就可以避免误入而被抓拍处罚。

图 1-50　服务区出口匝道单车道示意图

大家都知道，高速公路上是不能掉头和逆行的，而服务区出口匝道却容易被忽略。出口匝道也是高速公路的一部分，掉头和逆行同样会被抓拍处罚。通过右侧路边竖的直行箭头可以确定（图 1-51），这就是一个直行标牌，这里只能直行进入高速公路。即便是刚进入匝道，也不能折返，因为在匝道突然停车并折返很容易造成交通事故。

图 1-51　直行标牌示意图

小　结

　　服务区出口匝道也是高速公路的一部分。驶离服务区之前，检查车上物品以及车上乘员，防止因为遗漏而半途折返。驾乘人员提前系好安全带，按照道路交通标志标线行驶，遵守交通规则，确保安全。

1-10 动画

第二章　国道、省道及县乡道路驾驶

一、省道路口右转弯时的风险预判、防御技巧

在国道、省道路口有大型车、小型车、非机动车，交通参与者成分复杂，且车速普遍高于城市道路，因此，经常发生交通事故。本节通过一段省道右转弯的实景驾驶，带给大家一些启发。

 场景介绍

视频车在前方路口准备右转弯进入省道路段（图2-1），目前信号灯处于红灯状态，不需要看信号灯便可以直接右转弯。

图2-1　路口准备右转弯示意图

虽然可以直接右转弯，但要格外谨慎。因为，相对于视频车司机看到的是红灯，横道两端的车辆看到的信号灯则是绿灯，横道车辆正好处于放行时段（图2-2）。

图 2-2　横道放行时段示意图

 潜在风险

直接右转弯存在与横道开过来的车辆产生交集的风险。

 风险预判与防御技巧

首先，通过左侧车窗向左侧横道和来车方向观察（图 2-3），看有无车辆正在驶来。并根据来车距离的远近和速度，选择停车等待还是尽快右转弯。

2-1 省道路口右转弯时的风险预判、防御技巧

图 2-3　向左侧横道来车方向观察示意图

其次，确认安全后开始右转弯，通过交替观察右前方路况以及左侧车窗外路况，即时掌握路况动态，确保安全后右转弯。在条件允许的情况下，要转小弯（图2-4）。

图2-4　右转弯转小弯示意图

右转弯转小弯的目的是在转弯过程中，不占用横道左侧车道，而是直接转入最右侧车道（图2-5）。这样既不影响横道直行过来的车辆正常通行，又有安全的考虑。

图2-5　直接转入最右侧车道示意图

转弯速度不能太快，因为在右转弯过程中，横道左侧路口很可能有车辆快速开过来。视频车让出左侧车道，就是给这种车辆一个可通过的空间，防止对方车速过快，刹车不及时，将视频车追尾。完成右转弯后，尽快在右侧车道内顺直车身（图2-6）。

图 2-6　顺直车身靠右侧车道行驶示意图

最后，先靠右侧车道尽快完成提速。变道前要提速前进一段距离，并通过后视镜观察左侧车道后方，确认安全后再向左变道。

■■ 小 结 ■■

在国道、省道的路口右转弯，要观察横道来车，确认安全后，右转转小弯。完成右转弯后靠右行驶，并尽快提速驶离，避免与左侧车道来车产生交集甚至追尾事故。

2-1 动画

二、国道过路口时视线盲区的风险预判、防御技巧

在国道、省道直行通过路口时，扫视左右两侧斑马线的视线经常会被左侧或者右侧停车待转的车辆遮挡。本节将演示如何预判和防御视线盲区的"鬼探头"。

 场景介绍

路口信号灯处于绿灯放行时段；左侧车道的出租车停在斑马线上，刚好遮挡了视频车扫视斑马线左侧的视线；视频车正准备直行过路口（图2-7）。

图 2-7　通过十字路口路况示意图

⚠ 潜在风险

出租车遮挡的区域内如果有行人、非机动车正在过马路，而视频车快速开过去，就有撞到行人、非机动车的风险。

🚗 风险预判与防御技巧

路口信号灯处于绿灯放行时段。右侧车道上，大货车正在慢速通过路口；左侧车道上，多辆小型车也正在依次排队通过路口（图 2-8）。

2-2 国道过路口时视线盲区的风险预判、防御技巧

图 2-8　到达路口前，前方路口路况示意图

排在第一个的出租车的刹车灯亮起。路口绿灯已经亮了有一段时间了，起步慢的大货车已经到达路口中间位置，且车头已经到达路口对面，而左侧车道的出租车却刚刚开过停止线（图2-9）。这是什么原因呢？这不太符合大多数出租车的开车风格。出租车没有打左转向灯，不太像是等待左转的样子，虽然没有停下来，但前进的速度很慢，似乎在等待什么。

图 2-9　即将到达路口，路况动态示意图

有人可能说了：作为右侧车道的车辆，为什么总关心左侧车道的动态呢？视频车即将通过路口（图2-10），马上就要从出租车的右侧超过去，而此时，出租车遮挡了视频车观察路口左侧的视线。假如出租车的慢行等待是为了给横过马路的行人或者非机动车让行，那么视频车直接开过去就会很冒失。有句话叫作"路口不超齐头车"。即便是通过，也要观察清楚再通过，必须做出刹车和通过两手准备。

图 2-10　即将通过路口示意图

不踩油门，右脚放在刹车踏板上，目光扫视着出租车前方（图 2-11），万一有情况就可以第一时间踩下刹车。

图 2-11　超越出租车前，观察点示意图

2-2 动画

■■ 小　结 ■■

过路口视线被左右车辆遮挡时，观察和减速要同时进行，右脚放在刹车踏板上随时准备刹车，以防视线盲区内突然出现"鬼探头"。

三、县乡道路常见的风险预判、防御技巧

在省道、县道以及乡镇公路开车的时候，有些路段车流量比较小，道路不是封闭的，公路两旁的小路比较多，农用三轮车、电动车、摩托车也比较多，行人安全意识相对较低，潜在的风险也就比较大。

场景介绍一： 前车靠边防掉头。

视频车前方的一辆轿车向右侧路边靠近（图 2-12），接下来有两种可能：一种是靠边停车，另一种是突然向左打方向盘进行掉头。

第二章 国道、省道及县乡道路驾驶

图 2-12　前车行驶动向示意图

风险预判与防御技巧

观察前方道路，看左侧路口是否有车辆开出来，并看一眼左侧后视镜确认没有车辆超车，继续观察白车动向，鸣笛提示白色轿车，同时向左适当打方向盘绕过该车（图 2-13）。

图 2-13　绕过白色轿车示意图

2-3 县乡道路常见的风险预判、防御技巧

场景介绍二： 通过集镇需减速。

视频车前方道路两侧分别停满了车辆，通常情况下，前方即将经过集镇了（图 2-14）。

041

图 2-14　预判经过集镇示意图

风险预判与防御技巧

有集镇的地方一定有路口，车辆行人相对集中。地面有刹车痕迹说明有车辆在快速行驶至此时，前方路口突然有行人、其他车辆出现在道路上，该车辆紧急刹车避让，进而留下刹车痕迹（图 2-15）。视频车应提前松油门减速，在即将经过右侧这个路口时，右脚甚至要放在刹车踏板上随时准备刹车。

图 2-15　预判风险示意图

场景介绍三： 警示标牌要重视。

由于道路两侧的树木绿化带遮挡，一些小的交叉路口比较隐蔽，不容易发现。

 风险预判与防御技巧

但凡看到道路上方有黄灯在闪烁，以及右侧路边设有三角警示牌的时候（图 2-16），都要适当减速观察，防止左右两侧随时出现的路口，以及从路口突然开出来的各种车辆。

图 2-16　警示标牌示意图

 场景介绍四： 路口转弯看仔细。

前方信号灯路口准备右转弯，路口信号灯和电子眼设备齐全。

 风险预判与防御技巧

在即将到达路口右转前，目光既要看右又要看左（图 2-17）。由于此类路段各种车辆的交通规则意识较差，可能不管信号灯也不怕电子眼，所以在右转弯的时候，要预防左侧横道上有各种车辆闯红灯冲过来。

图 2-17　路口右转路况示意图

■■ 小　结 ■■

在省道、县道及乡镇道路行驶时，要调整驾驶思维，车辆再少也不要麻痹大意，预防交叉路口突发情况。另外，经过集镇要提前减速，预防其他交通参与者制造险情。

四、省道路口排队等候信号灯的风险预判、防御技巧

在省道行驶的大货车比较多，车速相对较快，遇到信号灯路口时，如果大货车刹车失效或者司机开车走神导致刹车不及时，容易引发追尾事故并产生严重的后果。

 场景介绍

当前视频车行驶在一段省道路段上，前方即将到达一个信号灯路口，两条车道都有大货车在排队等候信号灯。视频车打算过路口继续直行，但两条车道都可以排队（图 2-18），应该选哪一条车道排队呢？

图 2-18　路口车道选择示意图

⚠️ 潜在风险

在右侧车道排队的这两辆小型车刚好处在前后大货车之间（图 2-19），一旦后方大货车开过来时失控，就将是一个碾压式的追尾事故。这种惨烈的场景，相信大家在网上都看到过。

图 2-19　路口车辆排队示意图

风险预判与防御技巧

观察车内后视镜以及右侧后视镜，看后方两车道有没有大货车正在开过来（图2-20）。视频车的右侧后视镜中显示，右侧车道内后方有大货车正在开过来，因此，视频车要毫不犹豫地选择左侧车道。

2-4 省道路口排队等候信号灯的风险预判、防御技巧

图2-20　通过后视镜观察后方路况示意图

左侧车道排第一个的也是一辆大货车。视频车慢速向前，不能跟前车太近，最好保持一个车位的距离（图2-21），至少在紧急情况下，向左打一把方向就可以拐出去，进而脱离险境。同时，在停车过程中，自动档车辆尽量保持D档并踩刹车等待；手动档车辆保持空档并踩刹车，左脚放在离合踏板上，右手扶住变速杆，随时可以挂档起步。

图2-21　路口排队车距保持示意图

小 结

在省道路口等候信号灯要与前车保持车距,预留避险空间,随时观察车内后视镜,在发现后车失控后,立即避险,以避免被后车碾压式追尾。

2-4 动画

五、省道路口抢左转的风险预判、防御技巧

在很多省道路口,直行和左转车辆共享一个信号灯,经常因为左转车辆抢左转而发生交通事故,有的是左转车辆与直行车辆相撞,有的则是左转车辆撞到非机动车。本节通过实景画面讲解如何预判和防御。

场景介绍

在直行车辆放行时段,视频车起步跟行过路口(图 2-22)。一辆小型货车从视频车同向直行的大货车车头前快速左转,继而抢在车速稍慢一些的厢式货车前面左转了过去,消失在了厢式货车的右侧。小型货车的这个快速左转的动作,很显然就是一个违规的抢左转。

图 2-22　通过路口路况示意图

潜在风险

由于抢左转车辆和视频车同向第二车道车辆被前方的大货车遮挡住了互相观

察的视线（图2-23），因此，如果一个抢左转、一个快速直行，则相撞的风险很大。另外，如果道路的最右侧有非机动车，则该非机动车也很可能被抢左转车辆撞到。

图2-23 视线盲区示意图

风险预判与防御技巧

作为视频车同向第二车道的车辆，当前进方向左侧有车辆遮挡视线的时候，就要做出一个有车辆抢左转的假想，并放慢行驶速度，将车辆保持在左侧车辆靠后一点的位置（图2-24）。这样即便是有车辆抢左转，也不会与其产生交集，过路口以后再加速超越。

2-5 省道路口抢左转的风险预判、防御技巧

图2-24 视线被遮挡预防盲区风险示意图

作为左转车辆，要遵循转弯让直行的规则，杜绝抢左转的侥幸心理。即便是对向车辆车速稍慢，有条件来得及左转弯，也要注意观察左转目标方向的非机动车道（图 2-25），防止快速左转时撞到正在直行过路口的非机动车。

图 2-25　左转车辆风险防御示意图

■■ 小　结 ■■

直行和左转共享同一信号灯，直行车辆优先通过，但要注意观察，一旦有视线遮挡，需要预防抢左转。左转车辆要遵循左转让直行规则，杜绝侥幸心理，确认安全后再左转。

2-5 动画

六、在国道、省道驾驶时穿插变道的风险预判、防御技巧

很多国道、省道都是两车道道路，当两车道前后车辆形成交错状态时，如果需要穿插变道超车，应该注意哪些风险？该如何防御？本节内容对此做实景讲解。

场景介绍

视频车正在跟行前面大货车通过一个省道的十字路口，由于前方大货车起步略快于右侧厢式货车，刚才同时起步的两车的交错空间越来越大（图 2-26），给了视频车一个向右穿插变道超车的想象空间。

图 2-26　两车交错空间示意图

⚠️ **潜在风险**

从理论上来讲，前车快于右侧车辆，交错空间会越来越大，只要视频车以快于右侧车辆的速度变道穿插过去是没有问题的。但是，只有在假设条件不变的情况下，该操作才能完成，而在现实中，这些条件都会存在变数，只要出现变数，就会存在风险。

🚗 **风险预判与防御技巧**

前方大货车会不会突然减速或者向右变道？右侧车辆会不会加速（图 2-27）？即便是两车保持当前车道和速度不变，那视频车在向右变道的时候，

2-6 在国道、省道驾驶时穿插变道的风险预判、防御技巧

图 2-27　预测可能的风险示意图

因为正处在路口位置，右侧横道上会不会有摩托车、三轮车或者电动车右转过来，突然出现在右侧车道上？

视频车应先跟行前车通过路口，进入车道后，略微向右打方向盘，观察前车行驶轨迹，看是否有向右变道的迹象；继续向右略微打方向盘，让车头右侧探出右侧车道线（图2-28），观察前车的右侧车道有无空间。

图2-28　车头右侧探出右侧车道线示意图

然后回看右侧后视镜（图2-29），后方厢式货车已经出现在后视镜镜面左侧半边，而且车速仍然不快；同时，要观察右侧车窗外非机动车道上是否有非机动车。

图2-29　右侧后视镜观察示意图

右前方非机动车道上，如果没有这辆低速电动车，视频车就可以直接变道了（图2-30）。但现在还不能变道，因为这辆低速电动车行驶轨迹不稳，需要防止视频车开过去的时候蹭到它。

图2-30　预测低速电动车动态示意图

视频车先占位在车道线上，控制速度跟行在大货车后面。当超过右侧低速电动车时，鸣笛提醒大货车，同时打开右转向灯（图2-31），向右打方向盘变道。变道过程中再鸣笛两次，让大货车司机及时发现视频车正在其右侧车道上追超，防止其突然向右变道。

图2-31　主动向大货车发出信号提示示意图

小结

本车道前方有大货车慢行,右后方也有货车慢行,穿插变道存在变数,继续跟行也存在正后方大货车紧跟尾随,甚至受到前后大货车夹击的风险,通过风险预判和防御技巧排除在穿插变道超车时的潜在风险。

2-6 动画

七、省道与乡村道路交叉口的风险预判、防御技巧

在省道的主干道两侧,有很多乡村道路与之形成交叉路口(图2-32),很多交叉路口没有设置红绿灯,很容易发生交通事故。

图 2-32　省道的主干道与乡村道路无信号灯的交叉路口示意图

场景介绍

视频车前方地面出现横向减速标线(图2-33),右侧电线杆上方最左侧是一个警示灯,但已经不再闪烁,另外两个是三角警示牌。

现在已经看到,道路左右两侧出现交叉路口(图2-34)。

图 2-33　临近路口的标线、标志、标牌示意图

图 2-34　到达交叉路口示意图

 潜在风险

　　这样的无信号灯路口,在更远的距离内确实不容易提前发现。当主干道车辆快速开过来并经过路口时,支路车辆也刚好进入主路,就非常容易发生交通事故(图 2-35)。

第二章　国道、省道及县乡道路驾驶

图 2-35　交叉路口交通事故现场示意图

🚗 风险预判与防御技巧

虽然在看到减速标线和电线杆上出现警示灯和三角警示牌的时候（图2-36），还看不到前方的路口，但此时就要做出前方复杂路段的预判了。

图 2-36　发现标线、标牌后做出预判示意图

2-7 省道与乡村道路交叉口的风险预判、防御技巧

正确的做法是一边减速，一边做进一步观察，在看到前方路口的第一时间鸣笛，确认安全后通过，当通过路口以后再恢复正常速度行驶。

2-7 视频演示

■■ 小 结 ■■

国道、省道的平面交叉路口较多,设置的标线、标志、标牌都是对前方路况的预告,要提前减速、观察、鸣笛通过路口,并随时做好刹车准备,防止与横向路口突然出现的各种车辆相撞。

八、公路道路驾驶中,障碍物盲区的风险预判、防御技巧

在公路道路驾驶中,经常遇到被停在路边的车辆遮挡视线的情况,停车位置处于村镇或者路口的时候,风险也就随之增加。

 场景介绍

场景一:前方即将经过一个无信号灯路口(图2-37),上方闪烁的信号灯,就是提醒行经车辆注意左右两侧路口的行人和车辆,右侧路边停着一辆打着双闪灯的大货车。

图2-37 无信号灯路口示意图

场景二:前方即将经过一个村镇(图2-38),视频车现在即将追超前方的微型货车;道路的左侧有车辆和行人,右侧路边也有车辆停放。

图 2-38　经过村镇路况示意图

 风险预判与防御技巧

在场景一中，大货车所停的位置刚好遮挡住了视频车司机观察右侧路口的视线（图 2-39）。假如此时路口右侧横道有车辆正在开上主干道，则其观察视频车这边的视线也刚好被遮挡。

2-8 公路道路驾驶中，障碍物盲区的风险预判、防御技巧

图 2-39　路口视线被遮挡示意图

在互为盲区的情况下，容易导致发生交通事故（图 2-40）。

图 2-40　互为盲区的路口发生交通事故示意图

当视频车接近大货车的时候,应当减速、鸣笛,重点观察大货车车前路况,确认安全后通过。

在场景二中,存在两个潜在的风险(图 2-41):一个是微型货车前方遇阻,存在向左变道的可能;另一个是左侧路边车辆的后方可能会突然跑出来行人。

图 2-41　预测潜在风险示意图

先不要着急超车(图 2-42)。在做好准备刹车的同时,打左转向灯并鸣笛提醒微型货车司机,告诉他后方有车辆准备超车,请不要变道;鸣笛也可以提醒到左侧车后的行人，避免有人突然跑出来。鸣笛后，观察微型货车行驶轨迹，待其稳定后，再适当提速超车。

图 2-42　防御措施示意图

■■ 小　结 ■■

以上两个场景中都不约而同地使用了喇叭，而且是提前按喇叭，先提醒、后观察、再通过。其他交通参与者如果因障碍物的遮挡而没有观察到来车，但听到了喇叭声以后，会及时采取措施，给视频车安全通过的空间。

2-8 动画

九、双向两车道借道超车的风险预判、防御技巧

很多省道、县乡道路，甚至是国道的车道都设计为双向两车道。由于车流量大、车速不一致，后车在借道超车时极易引发交通事故。

场景介绍

在双向两车道的道路上行驶，如果需要超车，可以向左跨过黄色虚线借道超车（图 2-43）。由于对向道路上也是车辆不断，因此，在借道超车时需要精准预判和果断操作。

图 2-43　双向两车道中间黄色虚线示意图

⚠️ 潜在风险

借道超车的过程，也就是逆向行驶的过程，虽然这种借道方式是合规的，但前提就是不能影响对向车辆的正常通行（图 2-44）。借道超车的车辆常常会因为对对向车道路况的观察不够，或者对对向车辆距离和速度估计不足，导致在借道超车期间与对向车辆相撞。

图 2-44　借道超车与对向来车示意图

更有甚者，在近距离跟行大货车期间，突然向左变道超车（图 2-45），刚好与对向车辆相撞。

第二章 国道、省道及县乡道路驾驶

图 2-45 突然借道导致交通事故示意图

🚗 风险预判与防御技巧

首先，在超车前与前车要保持合理的距离（图 2-46），既不能太近也不能太远。太近，被遮挡视线，妨碍观察对向车道路况；太远，在超车时机出现时，需要更长的借道时间，容易错过最佳超车时机。

2-9 双向两车道借道超车的风险预判、防御技巧

图 2-46 超车前与前车保持合理距离示意图

其次，观察对向车道，如果有车辆，要做出两车速度相加的预判，并做最保守的估计（图 2-47）。超车不能勉强，更不能寄希望于对向车辆能减速给你让行。

图2-47　速度与距离预估示意图

然后，在最佳时机出现时，要果断提速（图2-48），切忌犹豫。时机错过时，要果断放弃超车，不要把自己置于进退两难的被动境地。

图2-48　果断提速超车示意图

最后，超车后要及时变回到原车道（图2-49），给对向车辆腾出车道，但不能立即减速，防止刚超车就被后车追尾。

图 2-49　超车后变回原车道示意图

■■ 小　结 ■■

在双向两车道道路上尽量不要超车，必须要超车的话，不能影响对向车辆正常通行，准确并保守地预判，当时机出现时果断超车，不进行没有把握的超车。

2-9 动画

十、乡镇街道驾驶的风险预判、防御技巧

乡镇街道上的行人和各种机动车、非机动车较多，属于人车混行的交通状况，机动车、非机动车与行人之间以及机动车与非机动车之间很容易产生交集，这是预判和防御的难点。

 场景介绍

主路和支路交叉的十字路口没有交通信号灯（图 2-50）。当支路车辆驶入主路时，容易与主路上的各种车辆产生交集；同样，在主路行驶时，也很容易与横穿道路以及支路突然驶出来的各种车辆和行人产生交集。

063

图 2-50　从支路驶入主路时的路况示意图

⚠ 潜在风险

支路车辆与主路机动车、非机动车同时过路口相撞的风险；主路行驶时，撞到突然过马路的行人、非机动车的风险；跟行车辆时，与拐弯、掉头的车辆产生追尾、剐蹭的风险。

🚗 风险预判与防御技巧

从支路驶入主路时要预防主路非机动车和机动车正在或即将通过路口，防止与它们产生交集，特别是在路口左右两侧停有车辆或者有其他障碍物遮挡的情况下（图2-51），更容易产生交集，甚至直接发生碰撞。

2-10 乡镇街道驾驶的风险预判、防御技巧

图 2-51　支路与主路之间视线遮挡示意图

从支路驶入主路时，无论是直行、左转还是右转，都要提前减速观察，确认安全后才能通过（图2-52）。有障碍物遮挡视线以及主路有机动车、非机动车正在或者即将通过的情况时，需要进一步观察，停车让行后再行通过。

图2-52　从支路驶入主路需要观察通过的示意图

进入主路行驶后，有多项风险点需要预防（图2-53）：支路车辆没有观察就直接驶入主路；被两侧车辆或其他障碍物所遮挡的地方可能突然出现行人；左右两侧遍布大门、店铺，可能会有横穿道路的行人或者非机动车；前车突然拐弯或者掉头。

图2-53　进入主路行驶的风险点示意图

尽可能地把行驶速度放慢；在与路边停放车辆比较接近时，重点观察车头前方情况，防止"鬼探头"；注意观察道路两侧的绿化带或者护栏开口处，防止非机动车突然出现；在跟车行驶且车速略快时，不要跟行太近，防止前车突然左转或者掉头；如果遇到前车左转或掉头，不要近距离绕行，防止前车突然停车，进而造成剐蹭。

如图2-54所示，白色轿车和三轮车发生了剐蹭事故，可能是由于白色轿车左转掉头时突然停住，而正在绕行的三轮车躲闪不及导致的。

图2-54　乡镇街道车辆剐蹭事故现场示意图

2-10 动画

■■ 小　结 ■■

乡镇街道人员和车辆众多，人车混行，交通安全意识相对比较淡薄。无论是从支路驶入主路还是在主路上行驶，慢速是基本要求，还需要加强观察和预判，谨慎通过。

第三章 城市道路驾驶

一、城市高架路经过右转出口的风险预判、防御技巧

城市高架路驾驶与高速公路驾驶有相似之处，对未满一年驾龄的新手司机来说，如果想提前适应高速公路驾驶，那么在城市高架路锻炼驾驶水平无疑是一个不错的选择。城市高架路下桥出口比高速路出口密集很多，在经过这些下桥出口时，应该预判哪些风险？怎样预防呢？

场景介绍

三车道城市高架路上（图3-1），视频车行驶在右侧车道，前进方向的右侧经过一个右转出口。

图3-1 三车道城市高架路行驶路况示意图

067

⚠ 潜在风险

行驶在前方左侧两条车道的车辆,在临近出口向右变道时,易与后车发生追尾、碰撞事故(图3-2)。

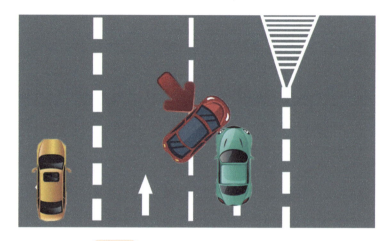

图3-2 临近出口位置潜在风险示意图

🚗 风险预判与防御技巧

视频车正在城市高架路右侧车道行驶中,发现前方有右转弯出口预告标牌(图3-3)。

3-1 城市高架路经过右转出口的风险预判、防御技巧

图3-3 注意前方预告标牌示意图

左侧两车道的前方车辆在到达出口位置可能会突然向右变道驶往出口,为避免与它们产生交集,视频车打左转向灯、观察左侧后视镜(图3-4),确认左后方近距离没有车辆,适当减一下车速,向左缓打方向盘变道。

图3-4 变道观察示意图

视频车变道后在面包车后方匀速跟行(图3-5)。

图3-5 匀速跟行前车示意图

视频车紧跟在这辆面包车后方仍然不安全,而且面包车的车身高,导致视频车司机不易观察前方情况。如果有变道的条件,最好继续向左变道到最左侧车道(图3-6)。

图 3-6　继续变道避开跟行示意图

视频车如果没有变道条件,就要进一步拉远与前车的车距,防止面包车的前方有车辆突然减速变道,致使它也突然减速,进而给视频车带来影响,造成追尾。

■■　小　结　■■

3-1 动画

主动向左变道主要是为了在即将到达前方右转出口这段路中,减少与右转车辆可能产生的交集。主动与前车拉开距离,可以避免前方有车辆突然变道导致前车紧急刹车,进而影响自己,提前给自己留出可以应变的安全距离。经过路口前方车辆可能临时右转,这就是预判;主动变道和拉开安全距离,这就是防御。

二、城市高架路变道时机的风险预判、防御技巧

城市高架路的车辆较为密集,在城市高架路行驶时,对变道时机的把握很关键,既要顺利变道,又要防范追尾和被追尾。本节内容主要讲解如何学会抓住动态变道时机、安全变道。

前方即将到达右转出口,视频车打算继续直行,准备择机向左变道。视频车左侧后视镜中出现一辆白色轿车,正处在视频车的后视镜镜面最远端(图3-7)。

图 3-7　向左变道前观察后视镜示意图

 潜在风险

追尾和被追尾的风险；变道过程中与左侧正在经过的车辆发生剐蹭的风险。

 风险预判与防御技巧

白色轿车处在后视镜最远端这个位置（图 3-8），说明距离太近，已经不能变道。白色轿车在镜面中从车头到整车逐渐消失的过程，说明其车速快于视频车并正在超过视频车。

3-2 城市高架路变道时机的风险预判、防御技巧

图 3-8　通过后视镜观察判断示意图

很快，视频车司机在左侧车窗外发现了它，此时它与视频车基本处于并行状态（图 3-9）。

图 3-9　观察左侧车辆动态示意图

观察后视镜是看左后方有无车辆以及车距大小，观察车窗外是看有没有车辆正在超车（图 3-10）。

图 3-10　后视镜、左侧车窗外交替观察示意图

就在白色轿车车头超过视频车以后，及时打左转向灯，当看到白色轿车整个车尾时，立即打方向盘向左变道（图 3-11）。打方向盘过早，车距拉不开，有追尾风险；打方向盘晚了，左后方车辆就会追上来，错过最佳变道时机。

第三章 城市道路驾驶

图 3-11　打方向盘向左变道时机示意图

当观察到后车处在镜面中间位置（图 3-12），且前车、后车和视频车处在相同速度的情况下，可以安全变道。

图 3-12　速度距离判断示意图

■■　小　结　■■

在城市高架路驾驶，欲变道前先观察，预防左侧正在经过的车辆。变道时机出现时，与前后车辆保持相同速度和相对距离，预防追尾和被追尾。

3-2 动画

三、城市快速路超车变道的风险预判、防御技巧

在多车道城市高架快速路驾驶中,超车变道可能会演变出多种不同的场景,下面给大家介绍的就是一个很典型的场景。

场景介绍

前方中间车道上,一辆轻型货车的左右两侧分别有车辆正在超车,超过轻型货车以后,左侧车道车辆向右变道,而右侧车道车辆也正在向左变道,两车在轻型货车前方不期而遇。

潜在风险

两侧车辆同时向中间车道变道(图 3-13),存在碰撞剐蹭风险。

图 3-13 两车同时向中间车道变道风险示意图

3-3 城市快速路超车变道的风险预判、防御技巧

风险预判与防御技巧

因为中间车道有轻型货车的遮挡(图 3-14),无论是左侧车道车辆向右变道,还是右侧车道车辆向左变道,两侧车道的车辆互相处于盲区之中,都要事先做出可能有车辆变道的假设,才能防患于未然,避免在变道过程中让自己处于被动当中。

图 3-14　障碍物遮挡的预设风险示意图

超车后变道,首先要通过侧窗对目标车道进行观察,确认车道是否处于空闲中(图 3-15);其次,超车后要与被超车辆拉开安全距离;最后,在进行变道操作时,再次观察,确认安全后再打方向盘变道。

图 3-15　排除障碍物盲区风险示意图

■■ 小　结 ■■

超车后向中间车道变道,观察确认是不可或缺的步骤,如果遇到有车辆同时变道,要遵循让右原则。

3-3 动画

四、前车车轮行驶轨迹的风险预判、防御技巧

车辆在道路行驶中的动态变化很多都是有规律可循的,通过细微的变化可以预判到它之后的运动方向。根据这个预判,让自己提前做出正确的操作。

场景介绍

三车道城市高架快速路上,每个车道都有车辆,当前视频车行驶在第一车道上,正准备超越右侧相邻车道的车辆(图3-16)。

图3-16 在第一车道准备超车示意图

潜在风险

在第一车道超车过程中,相邻车道的车辆因观察不周向左变道,存在追尾或剐蹭的风险。

风险预判与防御技巧

在多车道道路驾驶中,当以快于前面相邻车道车辆的速度行驶并准备超车前,要注意观察前车所处环境,预判它有没有变道需求,也要观察前车的行驶轨迹变化,特别是前轮行驶轨迹的细微变化(图3-17)。当看到有向视频车车道靠近的迹象时,就要提前采取相应措施,避免因前车变道而产生交集。

3-4 前车车轮行驶轨迹的风险预判、防御技巧

图 3-17　通过前轮行驶轨迹判断前车动态示意图

通过减速、鸣喇叭或闪大灯提示前车，确认前车已知晓并回到正常行驶中，然后再进行超车（图 3-18）。

图 3-18　提示被超车辆示意图

■■ 小　结 ■■

在追超相邻车道车辆时，注意前车所处环境以及行驶轨迹的细微变化，给予前车提示，告知你的存在和行驶目的，不要想当然地认为，前车一定会发现你，并一定会给你让道。

3-4 动画

五、减速变道和加速变道的风险预判、防御技巧

在日常行车中，很多人都知道变道要加速，那在什么情况下需要加速变道？

而在什么情况下又要用到减速变道呢？我们该注意哪些细节呢？本节内容将做实景演示讲解。

 场景介绍

在最右侧车道行驶中，当接近到前面车辆并准备向左变道超车的时候（图3-19），左侧车道车辆却开始慢了下来，刚好封堵了向左变道的空间。

图3-19　右侧车道行驶路况示意图

 潜在风险

假如勉强从前后两车之间的这个交错空间内强行变道，那就是一个冒险行为（图3-20），如果变道不成，极有可能追尾或者被追尾。

图3-20　强行变道风险示意图

风险预判与防御技巧

先看一眼车内后视镜，确认近距离没有紧跟的车辆便打左转向灯，同时松油门减速，在左侧面包车开过去的过程中，观察左侧后视镜（图3-21），看到视频车与左侧车道后方车辆距离较远，向左打一点方向盘，并向左侧车道线靠近。

3-5 减速变道和加速变道的风险预判、防御技巧

图3-21 通过观察后视镜配合变道示意图

随着面包车的车尾出现在视频车的车头前，视频车向左打方向盘变道（图3-22），这就是减速变道。

图3-22 让车变道示意图

变道后关掉转向灯，做出一个顺直车身的动作（图3-23），防止被误判为违规连续变道。

图3-23 顺直车身关掉转向灯预防被误判示意图

再次打开左转向灯并观察左侧后视镜，左后方车辆出现在视频车的后视镜镜面中间（图3-24），通常来讲，这个距离是安全的。

图3-24 通过后视镜判断后车距离示意图

向左打方向盘变道的同时，深踩油门提速（图3-25），这就是加速变道。

图 3-25　加速变道示意图

■■ 小　结 ■■

在道路行驶中，需要随着场景变化采取不同的驾驶策略，减速变道和加速变道不是一成不变的，在相应场景下，加速变道和减速变道都是为了和其他车辆保持距离，避免勉强变道和强行变道带来的风险。

3-5 动画

六、变道盲区的风险预判、防御技巧

在变道引发的事故中，很多是因为观察不周导致的。盲区是客观存在的，本节内容着重讲解如何排除盲区，从而避免盲目变道导致的事故。

场景介绍

上方道路标牌显示去往目的地方向，在前方右转弯需要择机向右变道（图 3-26）。

打右转向灯，观察右侧后视镜，发现后方近距离内没有车辆，右侧车道前方是一辆白色商务车，看上去向右变道没问题（图 3-27）。

081

图 3-26　观察道路标牌，做出变道计划示意图

图 3-27　判断变道目标车道示意图

⚠ 潜在风险

如果此时向右变道，假如右侧车道上刚好有一辆车，那么两车正处于并行状态，存在视野盲区（图 3-28）。此时，猛然打方向盘变道过去，百分百中招，轻则剐蹭磕碰，重则侧翻。

图 3-28 预设潜在风险示意图

风险预判与防御技巧

有经验的老司机在变道前都要看一眼右侧车窗外。此时,在车窗外果然看到一辆车,正处在右侧并行的位置(图 3-29)。

有时候仅仅观察右侧车窗外可能还不够。现在视频车的右侧后视镜中看不到车辆右侧的面包车,车头右前方也看不到面包车,当视频车交替观察右侧车窗外的时候,也没有看到面包车的存在。此时打方向盘变道过去,还是会剐蹭面包车的后半部分车身。

3-6 变道盲区的风险预判、防御技巧

图 3-29 交替观察车窗外、后视镜,避免盲区风险示意图

原因就是，视频车在两次观察的时候，面包车的运动不是和视频车同步的，且两次观察刚好处在后视镜盲区和 B 柱盲区位置（图 3-30）。那这种极端情况下的盲区如何排除掉呢？

图 3-30　盲区位置示意图

盲区是客观存在的，但是可以利用两车相对速度的变化来解决。那就是，当打算向右变道的时候，先观察右侧后视镜和右侧车窗外，然后通过适当提速或者减速，与右侧车辆产生速度差，就可以轻易地发现右侧盲区的车辆了（图 3-31）。确认有车，让它通过以后再变道；二次确认没有车，就可以直接变道了。

图 3-31　排除盲区示意图

◢◤ 小 结 ◢◤

排除盲区的三个步骤：①观察后视镜；②观察后视镜和侧窗外；③适当加速或减速，改变与可能存在于盲区的车辆的相对速度，确认安全后进行变道。

3-6 动画

七、前车变道未打转向灯的风险预判、防御技巧

在道路行驶中，有些车辆变道较为随意，经常不打转向灯突然变道，给后方车辆正常行驶带来安全隐患。本节内容介绍如何正确防范此类风险。

场景介绍

左侧车道前方 SUV 的行驶轨迹向右偏离，未打转向灯，很快轧到右侧车道线，变道意图明显。此时，中间车道后方的一辆面包车正在快速开过去，与变道车辆距离在迅速拉近（图 3-32）。

图 3-32　前方路况示意图

⚠ 潜在风险

面包车如果没有及时有效地采取刹车或者避让措施，可能面临追尾的风险；

面包车并未减速,而是采取了向右变道的方式(图3-33),存在与右侧车道的车辆发生剐蹭碰撞的风险。

图3-33 面包车向右打方向盘避让示意图

风险预判与防御技巧

SUV变道时虽然没有提前打开转向灯,但是面包车可以从它的行驶轨迹判断它的变道意图,提前采取减速措施。面包车突然向右变道不能保证右侧车道是空闲的,如果与右侧车辆产生剐蹭(图3-34),面包车要承担主要责任甚至全部责任。面包车如果保持在车道内并采取减速措施的情况下,仍然造成追尾,则SUV要承担主要责任甚至全部责任。有一个说法叫作"让速不让道",就是这个道理。

3-7 前车变道未打转向灯的风险预判、防御技巧

图3-34 面包车变道后面临左右夹击示意图

作为后车，行驶过程中不仅要看前方车况，还要兼顾左右车道的车辆，一旦发现相邻车道车辆有变道迹象，要提前采取减速措施，避免突然变道避让带来的更大的风险。

■■ 小 结 ■■

让速不让道，注意观察，及时发现前方相邻车道车辆的轨迹变化，提前采取减速措施，避免紧急变道避让带来的风险，变被动为主动。

3-7 动画

八、让速与让道的风险预判、防御技巧

经常有老司机讲"让速不让道"，这句话在驾驶实践中该如何理解和运用呢？本节内容根据实际道路状况做分析讲解。

场景介绍

前方的 SUV 在离后车较近时突然变道，而且不打转向灯（图 3-35），面包车做出了让道的动作，但没减速，而在面包车的右侧刚好有一辆货车。

图 3-35　前方的 SUV 突然变道路况示意图

⚠ 潜在风险

SUV 在离后车较近时突然变道，存在被后车追尾的风险；面包车没减速而直接向右变道，存在与右侧货车发生剐蹭的风险（图 3-36）。

图 3-36　潜在风险示意图

风险预判与防御技巧

右侧车道线即将转换为宽体虚线（图 3-37），意味着左侧车道前方驶出本条道路。视频车需要继续直行，因此打算向右变道。观察右侧后视镜以及右侧车窗外，面包车在右侧车道与视频车并行，因此，先让面包车通过。

3-8 让速与让道的风险预判、防御技巧

图 3-37　通过宽体虚线出现的位置判断道路变化示意图

打开右转向灯，继续观察右侧后视镜，发现后方还有车辆，因此不能一次性完成变道（图 3-38）。

图 3-38　通过后视镜判断变道条件示意图

先向右切线，在向右切线的过程中，给后方轿车留出了反应时间（图 3-39）。后方轿车不让道，视频车就继续沿宽体虚线行驶，略微减速让过它。

图 3-39　通过向右切线动作，创造变道时机示意图

后方轿车现在正在向右打方向盘试图绕行，那么视频车就可以继续向右打方向盘变道过来了（图 3-40）。

而对于后车来讲，就是预判前面是否有车辆变道，并留足车距。遇到前车准备变道时，能阻止的则果断阻止，可以既不让速也不让道；阻止不了的，就果断减速。是否打方向盘避让，要看你对右侧车道是否有准确的判断，否则，宁愿让速也不能冒险让道。

图 3-40　变道完成示意图

3-8 动画

■■ 小　结 ■■

道路驾驶中既需要瞻前顾后，又需要兼顾左右，如果做到这一点，那么当前方出现突发状况，选择让速还是让道时，你就不会纠结了。

九、路口导向车道被阻的风险预判、防御技巧

长途客运车行驶在城市道路上，可能会随时、随意停车上下客，导致后车正常通行受阻，尤其是大客车停在路口导向车道内上下客时，被堵的后车处理不当，极有可能被电子眼抓拍并处罚。

 场景介绍

右侧车道前方的一辆大客车即将靠边停车；左侧车道的一辆面包车，向右变道到大客车前面（图 3-41）。视频车打算在路口右转弯，需要在到达导向车道前向右变道，并借道公交车道行驶。

大客车还没停稳，车门处便有一个人下车（图 3-42），大概是要在路边停车下客并卸行李。

图 3-41　前方路况示意图

图 3-42　大客车路边停车下客示意图

 **潜在风险**

一辆面包车轧行实线进行了变道（图 3-43），一辆黑色 SUV 也紧接着跨过实线变道过去了（图 3-44）。这两辆车都面临被抓拍处罚的风险。

图 3-43　车辆压实线绕行示意图

图 3-44　连续有车辆压线绕行示意图

3-9 路口导向车道被阻的风险预判、防御技巧

风险预判与防御技巧

视频车若临时向左变道绕行,有可能与左侧车道后方开过来的车辆产生交集,甚至发生剐蹭或追尾。视频车已经进入实线导向车道线区域,压实线变道将会被上方电子眼抓拍。视频车淡定停车等待

（图 3-45），既不会与左侧车道车辆产生交集，又不用冒被电子眼抓拍并处罚的风险，这就是最优选择。

图 3-45　大客车车后等待示意图

■■■ 小　结 ■■■

因为长途客车违规停车，导致后车被动受阻，如果后车违规压实线变道被电子眼抓拍并处罚，就是拿着别人的错误来惩罚自己，显然是得不偿失。

3-9 动画

十、车辆路口掉头的风险预判、防御技巧

有些司机在信号灯路口掉头，特别是在直行加左转的车道掉头，会因为不知道正确掉头方式导致路口拥堵，甚至造成追尾、剐蹭等交通事故。本节内容通过实景讲解正确和错误的掉头方式，并揭示风险点。

视频车处于直行加左转车道（图 3-46），路口没有禁止掉头标志，信号灯处于绿灯状态。

图 3-46 路口标志、信号灯示意图

⚠️ 潜在风险

过停止线停车在斑马线，让行对向车辆，有被后车追尾的风险；与对向车辆抢行发生碰撞的风险；左转掉头时被左后方穿插的车辆剐蹭的风险。

🚗 风险预判与防御技巧

视频车在路口准备掉头，提前打开左转向灯，减速通过停止线、斑马线，避免突然减速和急刹车，防止后车追尾；如果对向刚好有车辆开过来，在路口中心点短暂停车等候，车辆略微摆斜（图3-47）。

3-10 车辆路口掉头的风险预判、防御技巧

图 3-47 短暂停车地点示意图

等对向车辆通过后，向左打满方向掉头（图3-48），不得抢行左转掉头，预防与对向车辆产生交集。

图3-48　向左打满方向掉头时机示意图

在进行掉头操作时，注意观察左侧后视镜以及左侧车窗外，防止后方车辆抄近路左转弯导致剐蹭（图3-49）。

图3-49　掉头注意事项示意图

■■　小　结　■■

在路口掉头，既要照顾后方车辆通行，又要礼让对向车辆通行。照顾后方车辆就是防追尾，礼让对向车辆就是防碰撞。掉头操作时切记要再次观察本车的左后方，目的是防止盲区内其他车辆的穿插超越带来的风险。

3-10 动画

第四章 新手开车上路

一、跟行前车的风险预判、防御技巧

车辆在高速行驶中,遇到前方各车道的车辆一起刹车,这会是什么原因导致的呢?应该如何防御风险呢?接下来,给大家来解读一下。

 场景介绍

视频车现在在城市高架快速路的下坡路段行驶(图4-1),这条高架快速路限速是90km/h。在快速路上行驶和在市区内行驶相比,其中一个很大的不同就是在快速路上行驶的车辆车速较快,需要保持更大的车距,给自己留出足够的反应时间。

图4-1 行驶车道及路况示意图

潜在风险

跟行过程中,前车突然遇到障碍或者紧急情况,容易导致追尾甚至连环追尾事故。

 风险预判与防御技巧

注意,前方各车道的车辆刹车灯不约而同地亮起(图 4-2),说明前方不是一个车道有问题,而是整条道路有问题。究竟是什么问题不能立刻判断,但是有一条铁律,那就是"见刹跟刹"。这条铁律是指看到前车刹车,你一定要跟着刹车。刹车力度和车距成反比,车距越小刹车力度越大;车距越大,刹车力度也就越小。

4-1 跟行前车的风险预判、防御技巧

图 4-2　通过前车同时亮起刹车灯判断路况示意图

通过地面上长长的刹车痕迹可以判断(图 4-3),在这里曾经有车辆急刹车,甚至发生过险情。这多数都是因为车距保持太小,前车遇到紧急情况采取紧急刹车,使后车被动地紧急刹车所致。

图 4-3　通过地面刹车痕迹判断前方路况示意图

■■ 小　结 ■■

　　快速路跟车行驶,要保持车距并注意前车动态,一旦发现前车刹车,就要立即采取刹车措施减速,给自己留出足够的反应时间,防止追尾事故的发生。

二、路口灯头灯尾的风险预判、防御技巧

　　通过信号灯路口需要注意"灯头让灯尾",很多司机不明其意,本节内容通过实景讲解其含义以及风险点。

场景介绍

　　路口信号灯刚刚转换为绿灯(图 4-4),右侧横向道路上还有左转车辆正在左转弯,视频车前方直行车辆正在起步准备过路口。

潜在风险

　　直行车辆在绿灯时通过路口与右侧横道尚未完成左转弯的车辆产生交集,存在发生碰撞的风险。

图 4-4　路口绿灯亮起时的路况示意图

 风险预判与防御技巧

随着红灯转换为绿灯，排第一个的白色 SUV 开始起步通过路口，看得出来它起步后放慢了一下节奏（图 4-5）。这是因为白色 SUV 的右侧横道上有车辆抢在绿灯转换为红灯前通过停止线，白色 SUV 的司机预判到横向车辆不会让行，所以采取了放慢节奏让左转车辆先行的防御措施。

4-2 路口灯头灯尾的风险预判、防御技巧

图 4-5　通过前车放慢节奏判断路口路况示意图

假如直行车辆加速前进（图4-6），将会与左转车辆在路口中间相遇，可能会造成路口拥堵，二者速度快的话还可能发生碰撞。

作为左转弯车辆，在信号灯即将转换为红灯时，要做好观察和判断，不要勉强通过甚至加速抢行通过。加速抢行往往会观察不周、顾此失彼，导致与其他交通参与者产生交集。

图4-6　直行车辆放慢速度原因示意图

■■　小　结　■■

4-2 动画

灯头车辆就是绿灯刚刚亮起时即将通过停止线的车辆；灯尾车辆就是绿灯结束前的最后时刻通过停止线的车辆。按照规则：灯头车辆应该让灯尾车辆先行通过。现实中，无论是灯头车辆还是灯尾车辆，都要减速观察，确认安全后才能通过。

三、过路口车道选择的风险预判、防御技巧

过路口重新选择车道是否需要打转向灯？不打转向灯，无法向后车示意行驶意图；而打转向灯，就可能被误认为要在路口转弯。本节内容给大家解开这个疑问。

场景介绍

白色 SUV 在到达对面路口之前,为了避开朝向右侧车道的教练车,就向左打方向盘去左侧车道行驶(图 4-7)。这种进入对面路口之前,在没有车道线的路口中间地带的变向行驶,不叫作变道,叫作向前选择车道。

图 4-7　前车改变行驶方向示意图

 潜在风险

过路口临时调整行驶方向,但不打转向灯,会让其他交通参与者无法预判你的行驶意图,存在与相邻车辆产生交集的风险。

风险预判与防御技巧

因为路口中间没有车道线(图 4-8),所以不需要打转向灯。不要求打转向灯,也是为了与路口转弯的车辆加以区分,防止混淆。作为主动调整方向向前选择车道的车辆,要通过后视镜以及向侧窗外主动观察,确认不会对其他车辆造成影响,再打方向盘。作为侧后方直行的车辆,虽然前车没打转向灯,但可以通过观察前方路口路况,对前车行驶方向做出预判,进而保持距离,防止前车突然靠过来造成风险。

4-3 过路口车道选择的风险预判、防御技巧

图4-8 路口中间无车道线操作规则示意图

4-3 动画

■■ 小 结 ■■

前车不打转向灯,无法直接预判。通过对前车的更前方路况进行观察,提前预判对前车行驶方向的影响,及早做出反应,让自己行车更从容、更安全。

四、过路口遇阻变道的风险预判、防御技巧

车辆过路口遇阻,会很自然地选择绕行,它不同于道路驾驶中的超车,如果不注意细节,发生剐蹭、磕碰也是在所难免的。本节内容通过对细微之处的讲解,让大家体会需要注意的细节。

 场景介绍

前面两车同时到达对面路口两个车道(图4-9),左侧车辆明显快于右侧的教练车。作为后车的视频车,准备进入左侧车道行驶。

 潜在风险

此时视频车如果突然向左打方向盘,但左侧恰好有车辆,或者左后方近距离内有车辆以较快速度追上来,便存在剐蹭、碰撞或者追尾的风险。

图 4-9　前车进入对面路口路况示意图

🅿 风险预判与防御技巧

恰在此时，无论是在左侧车窗外，还是左侧后视镜中，都刚好看不到左侧车道上同时起步通过停止线的车辆（图 4-10）。如果它们也是直行过路口，那应该有车辆正在视频车的左侧，除非它过停止线后向左转。既然看不到又不能确定其位置，那就不能猛然向左打方向盘。

4-4 过路口遇阻变道的风险预判、防御技巧

图 4-10　通过左侧后视镜观察做出行驶策略示意图

视频车继续直行，通过速度调节，再次观察左侧后视镜和左侧车窗外（图 4-11）。假如有车刚才刚好在盲区内，因为它的向前移动速度与视频车不同，

所以它很快出现在了视频车的后视镜左侧边缘位置。两车的距离很近，因此视频车不能变道。

图4-11　通过速度调节继续观察左侧车辆示意图

视频车在教练车的后面减速尾随，当白色轿车到达视频车左侧，且大约与视频车处于平行状态时，视频车打开左转向灯（图4-12）。

图4-12　通过减速跟行找到变道超车时机示意图

视频车让白色轿车驶过后，向左打方向盘变道（图4-13）。

视频车变道进入左侧车道后加速驶离（图4-14）。

第四章 新手开车上路

图 4-13 让白色轿车驶过后进行变道示意图

图 4-14 完成变道、加速驶离示意图

■■ 小 结 ■■

　　在过路口的过程中，不仅要将注意力放在前方，还要观察同时起步的相邻车辆。当在前方遇阻、需要打方向盘的时候，通过速度调节让可能存在于盲区的车辆现身。这种路口遇阻应变技巧可以让你克服冒失的开车习惯，避免事故的发生。

4-4 动画

105

五、可变车道通行的风险预判、防御技巧

可变车道既是直行车道也是转弯车道,也可以说,既不是直行车道也不是转弯车道。由于它具有可变的特点,因此即便是经常在市区开车的司机有时候也会犯迷糊。

场景介绍

上方悬挂的车道标牌分别对应着下方的各条车道,可变车道的车道线两侧带有鱼刺状的标线(图4-15),而正常车道是单纯的直线。

图4-15 可变车道地面标线示意图

上方标牌上,同样是直行箭头,可变车道的箭头更短但是更亮(图4-16),这是因为可变车道的箭头是动态变化的。当这个箭头显示直行时,此时进入该车道的车辆只能过路口直行,不能左转;当这个箭头显示左转时,此时进入该车道的车辆只能左转,不能直行。

潜在风险

由于对可变车道规则不熟悉,临近可变车道车辆经常会有紧急刹车、临时变道的情况发生,容易造成追尾、剐蹭事故;误入可变车道的车辆,只看红绿灯行驶,容易导致违规被抓拍处罚。

第四章 新手开车上路

图 4-16　可变车道标牌示意图

风险预判与防御技巧

在临近可变车道的路口之前，提前观察上方箭头标牌，根据自己所需的行驶方向，选择相应的车道。无论是不是可变车道，只要根据上方标牌箭头方向选择车道，就不会有错。进入可变车道后，再根据预定的行驶方向按照信号灯行驶（图 4-17），这样就不会被抓拍处罚。

图 4-17　进入可变车道后按照目的方向看信号灯示意图

4-5 可变车道通行的风险预判、防御技巧

如果选择走可变车道，那么在进入可变车道前，需要提前减速，并与前车保持安全车距，防止前车突然紧急刹车导致被动追尾。如果选择可变车道相邻的车

107

道,那么在进入导向车道前,还要注意观察即将进入可变车道的车辆。如果发现其行驶动态犹豫,就要注意保持距离,距离较近的,可以用鸣笛或闪大灯的方式提示它不要突然变道。

4-5 动画

■■ 小 结 ■■

可变车道是为提高道路通行效率而设的,对熟悉规则的司机来讲,就是一种快捷和便利的通行方式;对于不熟悉规则的司机来讲,就可能犯错误。所以,熟悉规则、加强预判很重要。

六、特殊标线车道行驶的风险预判、防御技巧

有些路口在最左侧车道内设置有不太常见的标线,以至于很多司机行车至此,不能及时解读,进而导致操作失误。本节内容给大家介绍特殊标线车道行驶存在的风险与防御技巧。

左侧车道内出现一组黄色标线(图4-18),上面是一个左转箭头,下面是一个×号,这组标线是什么意思呢?这个路口到底能不能左转?

图4-18 左侧车道黄色标线示意图

潜在风险

行驶至此,由于不能对标线快速解读,司机会表现出操作纠结、犹豫,导致发生事故,或者因走错被抓拍并处罚。

 风险预判与防御技巧

对于在左侧车道行驶并准备在路口向左转弯的车辆来讲,如果不能快速解读这种标线,可以根据白色箭头标线方向行驶。通常这种车道全天都可以直行,而白色标线代表的是正常行驶方向(图4-19),黄色标线代表的是有条件行驶方向,所以按照白色标线走一般不会出错,能避免因一味紧张而突然刹车导致追尾,或者避免因突然变道而与相邻车道车辆产生交集甚至发生碰撞。

4-6 特殊标线车道行驶的风险预判、防御技巧

图 4-19 直行标线示意图

对于正常过路口直行的车辆来讲,要注意左侧相邻特殊标线车道的车辆的行驶动向,防止其突然变道带来的风险。一旦发现相邻车道的车辆强行变道,要减速避让,而不是变道躲避,否则很可能和右侧相邻车道车辆产生交集甚至碰撞。

小 结

熟悉交通规则和交通标线,对于安全行车很有帮助。遇到特殊标线不要慌,跟行前车或者按照白色箭头标线行驶,可以降低出错概率。

4-6 动画

七、让行汇入路口的风险预判、防御技巧

道路汇入口是事故高发路段,原因是司机疏忽大意或不懂行驶规则。本节内容通过现场实景教给大家风险预判和防御技巧。

 场景介绍

前方即将到达一个汇入口,已经可以看到水泥护墙左侧的道路上有自左向右快速开过去的车辆。左前方灯杆上,出现一个倒三角标牌,上面写着一个"让"字(图4-20),这是就是典型的让行路口。

图4-20 让行标牌示意图

 潜在风险

汇入车辆与主干道车辆互相观察不周,产生交集,存在发生碰撞的风险。

 风险预判与防御技巧

作为让行标线、标牌一方的车辆(图4-21),路权小于主干道车辆,应减速观察,当发现主干道车流量较大或者有车辆正在或者即将

4-7 让行汇入路口的风险预判、防御技巧

通过汇入口时，应当预判到直接开过去可能与主干道车辆产生交集，要主动减速甚至停车让行，这就是最好的防御技巧。

图 4-21　让行标线示意图

作为主干道车辆，虽然路权大于支路汇入的车辆，但是在经过汇入口时，也要主动向右观察，第一时间发现有没有车辆，当遇到有车辆正在从支路开过来时，要主动鸣笛或者闪大灯提示对方减速让行。

■■　小　结　■■

在让行汇入口，遵循让行规则是保证安全的前提。双方都要有风险意识，第一时间发现对方，并做出相应的正确操作，是避免事故的保障。

4-7 动画

八、连续弯道驾驶的风险预判、防御技巧

连续弯道路段属于风险较高路段，通常会在路边设置道路标牌进行预警提示。但是，有些司机仍然不够重视或者驾驶习惯不好，因而导致发生事故。

 场景介绍

右侧路边标牌显示前方连续弯道（图 4-22），下面几行字写的是"事故多发路段，减速慢行"。这已经是明确告诉司机要注意谨慎驾驶了。

图 4-22　连续弯道标牌示意图

 潜在风险

进入弯道车速较快，存在方向失控偏离车道，甚至紧急刹车导致车辆侧翻的风险。

 风险预判与防御技巧

有经验的司机善于通过观察前方道路趋势线来做出前方即将进入弯道的预判（图4-23），并提前做出减速的准备。即便是没有提前观察，至少在发现连续弯道提示标牌时就要开始减速了。车辆在高速行驶时急转弯容易导致方向失控，紧

4-8 连续弯道驾驶的风险预判、防御技巧

图 4-23　趋势线示意图

急刹车容易导致车辆跑偏。因此，除了提前减速入弯，还要避免在弯道上与其他车辆并行，以及避免弯道超车。当发现前方有车辆行驶轨迹异常时，要减速与其保持距离，防止前车方向失控影响自己的驾驶安全。

■■ 小 结 ■■

在连续弯道路段驾驶，不要紧急刹车，要勤于观察、降低车速、减少变道、避免并行、杜绝超车，远离行驶轨迹异常的车辆。

4-8 动画

九、高架路紧急停车的风险预判、防御技巧

在高架路行驶中，遇到车辆故障或者其他紧急情况并确需停车时，很多司机往往会忽略一些不该忽略的问题，且因此导致事故发生，甚至让小事故变成二次大事故。本节内容介绍紧急停车时应该怎么做。

一辆面包车打着双闪灯，靠边停在了巡查专用车道上（图 4-24）。

图 4-24　在高架路巡查专用车道上停车示意图

在面包车前面还有一辆 SUV 也同样停在巡查专用车道上，可以推测，这就是刚才堵车的原因（图 4-25）。

图 4-25　巡查专用车道前后停车示意图

两车发生追尾或者剐蹭事故后,因为并不严重,且双方对责任的划定明确无异议,所以走快处快赔程序,各自拍照后把车开到了路边。

⚠️ 潜在风险

在快速路上路边停车,存在被追尾的风险和人员下车被撞的风险。

🚗 风险预判与防御技巧

如果在这种高架路上发生事故,千万不要慌了手脚、乱了方寸,主要应防止发生二次事故导致二次伤害。开门下车前首先将车辆熄火,挂空档并拉起手刹,这样可以预防溜车(图4-26)。

4-9 高架路紧急停车的风险预判、防御技巧

图 4-26　开门下车示意图

然后打开双闪灯并开门下车，下车时要注意侧面车辆和后方来车。这样做一方面可以主动预防被过路车辆撞到，另一方面也是向后方来车提示你正在紧急停车。车上如果有其他乘员，特别是有小孩时，不要立即让他们下车，更要防止他们乱跑。下车后，尽快在车后 50m 以外放置三角警示牌，放置时要紧贴路边往后走（图 4-27），手持三角警示牌正面朝向来车方向，这样做就是防止在车后设置警示牌过程中被撞。

图 4-27　放置三角警示牌行走方向示意图

■■ 小　结 ■■

认识到路边停车的风险并主动防范，才能把风险降到最低；保护自身安全，同时保护车上乘员安全，把每一个细节都做到位，具备条件后尽快驶离。

4-9 动画

十、无信号灯路口驾驶的风险预判、防御技巧

在一些无信号灯路口，特别是在该路口的车流量相对大的时段内，由于很多司机不熟悉交通规则，或者不愿意遵守交通规则，因此经常会造成道路拥堵甚至车辆剐蹭事故。作为一名司机，除了需要练好基本功外，还要知道有所为有所不为，确保行车安全并提高效率。

场景介绍

这是一个无信号灯的路口，不同的车辆从不同的方向开过来，互相交叉、互相影响，有的车辆临时停在路边打着双闪灯，有的车辆则直接把路边当成了停车场（图 4-28）。

图 4-28　路口车辆无序场景示意图

 潜在风险

由于不同方向开过来的车辆又要驶往不同的目的地方向，在没有秩序的状态下，存在发生剐蹭、磕碰的风险。

 风险预判与防御技巧

直行车辆通过路口要提前减速观察，特别是路口有车辆停放或者被其他障碍物遮挡视线的情况下。需要掉头的车辆，尽量避开这种拥堵繁忙的路口，继续直行到下一个信号灯路口掉头。虽然多跑一段路，但是会降低在掉头甚至倒车时与其他车辆产生交集的概率。横道开出来的车辆属于从支路驶进主路，要注意减速观察，注意因路口车辆等障碍物遮挡的主路方向来车，防止与主路车辆产生交集。路边停车的

4-10 无信号灯路口驾驶的风险预判、防御技巧

车辆尽量做到即停即走（图 4-29），因为路边标牌已经明确提示停车不合规，一旦因违章停车而导致其他车辆出现事故，违停车辆也要承担事故的部分责任。

图 4-29　路边违规停车示意图

小　结

无信号灯路口通行事故多发，要增强风险意识，减速观察，随时注意各交通参与者的行驶意图和动向，降低产生交集的概率。平时养成良好的驾驶习惯，可有效避免事故的发生。

4-10 动画

第五章　特殊路段风险防范

一、行经高架路出入口的风险预判、防御技巧

在道路驾驶中有时会遇到一些非常规的特殊路段，本节通过演示行车经过一段左转和右转出口同时出现的高架路的场景，讲解有哪些风险以及怎样做好防御。

 场景介绍

视频车现在正在一段高架路中行驶。视频车前进方向的左右两侧车道同时出现了宽体虚线（图 5-1），这种宽体虚线也叫"渐变线"。

图 5-1　两侧车道的宽体虚线示意图

高架路为了区分从主干道拐入匝道的减速车道以及从匝道汇入主干道，一般都施画了这种宽体虚线，目的是提醒过往车辆出入口有车辆变道。右侧的右转出口车道是比较常见的，而宽体虚线出现在左侧（图5-2），这个并不常见。

图 5-2　左侧车道的宽体虚线示意图

通过左侧车道的左转标线可以判断出，左侧车道在前方即将出现左转出口。从右前方桥上移动的车辆可以判断（图5-3），前方即将到达一个汇入口。

图 5-3　桥上移动车辆示意图

由于左侧车道有左转出口，向右侧车道在刚刚经过右转出口以后又要经过汇入口，因此这段道路的路况是比较复杂的。

潜在风险

前车临时变道以及汇入车辆在汇入后连续变道,存在与直行车辆产生交集的风险。

 风险预判与防御技巧

首先,与前车保持车距,防止有车辆从右侧车道突然向左变道(图5-4),影响视频车所在车道车辆的正常行驶。

5-1 行经高架路出入口的风险预判、防御技巧

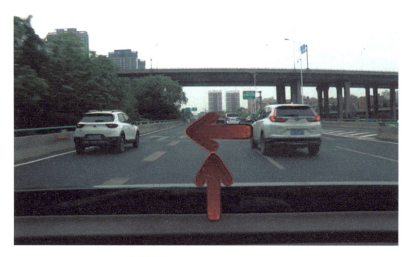

图5-4　预判前车变道示意图

其次,很多直行车辆的司机因为带有左侧行驶的惯性思维,所以一直行驶在左侧车道,临到左转出口时才发现左侧车道并非是直行车道,然后突然向右变道到视频车所在的车道(图5-5)。

此外,防止右侧汇入车辆连续变道。为了防止右侧汇入车道的车辆在汇入后突然向左变道,直行车辆在越过左转出口后,最好选择走左侧车道(图5-6),避免与它们产生交集。

最后,还要注意快速超车的车辆,它们可能在超车后才发现前方有障碍,要防止在它们加塞后的车距迅速变小的情况下,因紧急刹车导致的追尾(图5-7)。

图 5-5　预判前车突然变道示意图

图 5-6　行驶车道选择左侧车道示意图

图 5-7　预防超车车辆遇阻突然刹车示意图

5-1 动画

▰▰▰ 小　结 ▰▰▰

根据路况动态合理规划行车路线，保持距离，注意前车行驶轨迹，防止因前车临时变道或突然刹车导致的追尾事故。

二、隧道口连续变道的风险预判、防御技巧

很多老司机都知道，进出隧道口路段属于风险较高路段。本节内容介绍其风险的起因与预防策略。

 场景介绍

视频车刚刚驶出一条隧道，前方又是一个隧道口（图5-8）。右侧一条新的汇入车道上，一辆白色轿车继续往前，即将汇入视频车所在车道。两个隧道口之间增加了这条汇入车道，这在一定程度上增加了路况的复杂性。

图5-8　隧道口路况示意图

 潜在风险

各车道的车辆在进入隧道时，往往根据前方路况、驶出隧道所去的方向以及个人的驾驶喜好选择进入隧道的哪一条车道，所以经常会发生变道事故。

风险预判与防御技巧

汇入车辆前面的那辆白色轿车没打转向灯便突然向左变道，变道到中间车道后并没有结束变道，而是一路连续变道至最左侧车道（图5-9）。

图 5-9　白色轿车连续变道示意图

5-2 隧道口连续变道的风险预判、防御技巧

事实上，当白色轿车强行加塞到中间车道时，被加塞的车辆刚好遮挡住白色轿车司机观察左侧车道后方的视线（图5-10）。此时如果左侧车道后方有一辆车快速开过去，就很可能会造成追尾事故。

图 5-10　视线遮挡示意图

作为被加塞车辆，在驾驶中要预见到白色轿车变道加塞的可能性，主动拉开前后车距，防止白色轿车突然变道加塞导致的风险；作为最左侧车道的车辆，临近隧道口，要避免超车，因为在超车时，被超车辆会造成视线遮挡，可能存在突然有车辆从右侧变道过来的情况；作为需要变道车辆，一次只能变更一个车道，要合规驾驶，不能存在侥幸心理。

5-2 动画

■■ 小　结 ■■

临近隧道口要谨慎驾驶，不超车、不变道，保持车距，注意前方路况，与前车保持等速行驶。

三、主辅路相交路口的风险预判、防御技巧

有很多主辅路相交的路口经常发生交通事故，多数情况下是因为车辆司机的视线被遮挡，影响了互相观察，但真正的原因却是缺乏预判意识和防御能力。

场景介绍

地面让行标线显示辅路进入主路车辆要减速让行主路车辆（图 5-11），此时向左侧主路观察的视线刚好被路边绿化带遮挡。

图 5-11　让行标线示意图

潜在风险

风险显而易见，辅路车辆进入主路时很容易与主路车辆产生交集，甚至发生碰撞事故。

 风险预判与防御技巧

作为辅路车辆，应当清醒地认识到：主路车流量大，随时可能有车辆在汇入口经过，如果贸然进入主路，则被主路快速开过来的车辆撞到的可能性极大。这种情况下应该先减速，并向左观察，透过没有完全遮挡的绿化带，尽可能地去观察主路是否有车辆正在快速靠近。在观察视野范围内没有发现有车辆，也不能快速进入主路，需要一边前行一边向左侧车窗外观察（图5-12），直到安全进入主路。

图 5-12　进入主路观察示意图

5-3 主辅路相交路口的风险预判、防御技巧

小　结

开车技巧固然重要，更重要的是安全意识，有了安全意识，你就会主动遵守规则，谨慎驾驶。减速、观察、慢速通过，就是安全意识的具体体现。

5-3 动画

四、高架桥下桥口掉头车辆的风险预判、防御技巧

高架桥下桥口是桥上与桥下车辆交集比较多的位置,下桥后连接到前方路口的一段路,往往是事故高发路段。本节内容介绍下桥口的风险点和防御技巧。

 场景介绍

上方车道标牌显示,路口一共有 8 个车道,其中第 1~4 车道都在导流线的左侧(图 5-13),也就是从左侧桥下一直延伸过来的车道。

图 5-13　车道标牌示意图 1

中间的第 5 车道、第 6 车道对应的是桥上下来的车道(图 5-14)。

图 5-14　车道标牌示意图 2

从右侧导流线到路边的车道是第 7 车道、第 8 车道（图 5-15），对应的是由坡道右侧桥下延伸过来的车道。这是一个看上去很合理的道路资源分配，唯一美中不足的是，对从桥上下来的车辆而言，如果需要在路口掉头则存在一定的风险。

图 5-15　车道标牌示意图 3

 潜在风险

下桥车辆去路口掉头，存在连续变道的违规风险以及与左侧其他车道车辆产生交集的风险。

 风险预判与防御技巧

前方面包车打着左转向灯正在向左变道（图 5-16），它本来就行驶在左转车道上，为什么还要向左变道到最左侧的左转车道呢？此时面包车后方和左后方车道的车辆应该预判到面包车可能会连续变道到左侧车道。

作为下桥紧紧跟行面包车的车辆，要预判到面包车向左变道可能受阻突然减速，甚至突然停车给自己带来的影响，所以要保持距离并准备随时刹车；作为面包车左侧车道的车辆，要预判到有车辆下桥后可能随

5-4 高架桥下桥口掉头车辆的风险预判、防御技巧

时变道甚至强行变道的可能,同样要随时观察并做好防止与其产生交集的准备;作为面包车本身,从下桥口到前方路口掉头的这段距离,要根据距离和实时路况做出正确选择,既不造成违规连续变道,更不能因变道导致发生事故。

图 5-16　面包车向左变道示意图

■■ 小　结 ■■

"明知不可为而为之"就是侥幸心理,路口近、车道多,需要绕一圈多走一段路,虽然路程看上去远了,但是安全才是最近的距离。

五、隧道内变道操作的风险预判、防御技巧

隧道内能否变道,不是一成不变的。在常规情况下,如果前车行驶较慢,刚好与相邻车道相隔的车道线是虚线,那么把握好时机,就可以安全变道;错过时机就可能有风险。

 场景介绍

视频车在隧道内靠右侧车道行驶,前方是一辆行驶较慢的厢式货车,左侧车道线为虚线,左侧车道内车辆并不密集(图 5-17)。

图 5-17　隧道行驶路况示意图

 潜在风险

此时向左变道可能影响到目标车道后车的正常行驶，如果后车速度快，贸然变道有被它追尾的可能。

 风险预判与防御技巧

视频车现在打算向左变道，通过左侧后视镜发现，左后方一辆车正处于视频车后视镜镜面中间位置（图 5-18），镜像在快速放大，说明后车车速比视频车要快，如果视频车现在变道，提速来不及，所以先保持速度让它通过。

图 5-18　通过后视镜判断后车动态示意图

5-5 隧道内变道操作的风险预判、防御技巧

当它到达视频车左侧,并基本与视频车并行的时候(图 5-19),视频车的左转向灯亮起。可以早一点打左转向灯吗?可以是可以,但是过早打左转向灯,容易让后车误以为视频车要立即变道,对它的正常行驶可能会带来影响。

图 5-19　左侧车辆位置示意图

当看到它的车尾完整地出现在左前方后,此时,视频车的转向灯大约闪到了第三下,果断提速变道(图 5-20)。这个变道中的提速也是防止后方车辆追尾的防御措施。

图 5-20　变道时机示意图

5-5 动画

■■ 小 结 ■■

变道要胆大心细,这个"胆大"并不是鼓励冒险,而是在看准时机的情况下要果断变道和果断提速,实现两者之间关系的协调是关键。

六、隧道驾驶的风险预判、防御技巧

对于小型轿车来讲,在隧道内走哪一条车道虽然没有明确的规定,但是老司机却经常会做出合理的选择,因为这确实关系到隧道内的行车安全。

 场景介绍

视频车即将进入一个三车道的隧道内行驶,前方中间车道车辆较多,左侧车道也有车辆在行驶,而右侧车道前方相对空阔(图 5-21)。

图 5-21 即将进入隧道路况示意图

 潜在风险

按照大型车辆靠右行驶的原则,右侧车道常常被大货车占据,选择右侧车道行驶,容易被夹在前后大货车之间。小型车的车身低、重量轻,假如被大货车夹在中间,存在很大事故风险。

风险预判与防御技巧

根据进入隧道前的路边标牌可以知道，这条隧道是一条比较长的隧道。虽然在进入隧道时右侧车道还是空阔的，但不代表右侧车道前方就一定空阔（图 5-22）。由于大型车靠右行驶，所以要尽量避免走右侧车道，防止在前方被堵。

5-6 隧道驾驶的风险预判、防御技巧

图 5-22　预判隧道内路况示意图

正常来讲，左侧车道是快车道，很多人习惯将其叫作"超车道"。如果你行驶速度不够快但选择了左侧车道，就会影响到速度更快的后车，会被后车催促或者被后车在右侧超车，进而从心理上或实践中，都可能会影响到自己的行车安全。

选择中间车道，在前方被堵的概率相对较低。假如前方中间车道被堵，则有向左或者向右变道绕过（也可以说避险）的空间（图 5-23）。

图 5-23　预留避险空间示意图

小 结

隧道内光线差,在隧道内驾驶的安全系数低,应尽量减少变道,即从进入隧道前就选择好车道,避免被前车堵路、后车催促、右侧超车,遇到情况可以变被动为主动。

5-6 动画

七、斜道汇入车辆连续变道的风险预判、防御技巧

在主干道与斜道相交的路口,不但有车辆可能从斜道上贸然汇入主路,而且有些车辆在汇入后还会连续变道,进而导致连锁风险。这种情况往往出现在一些特殊的路段,本节内容通过实例分析,揭示其风险所在,找到预防措施。

场景介绍

在视频车右前方斜道上,一辆白色轿车快速开了出来(图5-24),趁着与第三车道的直行车辆还有一点距离,快速完成右转并进入直行主干道。

图 5-24 右侧斜道上白色轿车动态示意图

⚠ 潜在风险

在主干道与支路相交的路口,因为没有信号灯控制,所以双方车辆经常会产生交集,存在碰撞的风险。

风险预判与防御技巧

作为主干道车辆,在即将经过与支路相交的无信号灯路口时,要注意观察,如遇这种快速开过来汇入的车辆,要提前减速,防止互不相让而发生碰撞,同时也要避免临近时才紧急刹车导致被后车追尾。

视频车所处位置不仅是一个主路与支路相交的路口,前方还临近一个向左进入高架路的路口,要注意防范有车辆自右向左突然变道甚至连续变道(图5-25)。不仅要主动与前车保持车距,还要预判汇入车辆以及右侧车辆突然向左连续变道的可能,因为保持了足够的距离和可控的速度,即便是有车辆连续变道甚至其他车辆之间因为连续变道造成了碰撞事故,也不会殃及自己。

5-7 斜道汇入车辆连续变道的风险预判、防御技巧

图5-25 预判有车辆连续变道示意图

5-7 动画

■■ 小 结 ■■

道路驾驶中的预判不是一成不变的,要根据地理位置及其他交通参与者可能的行驶目的灵活应对,提前预判,并提前采取措施,让自己远离风险。

八、立交桥双向车道弯道下坡的风险预判、防御技巧

立交桥上的弯道比较多,在单行线弯道驾驶的技术难度相对较小一些,而在

双向行驶的立交桥弯道驾驶的难度相对较大,风险也相对较大。本节内容主要介绍立交桥双向车道弯道驾驶的风险预判与防御技巧。

 场景介绍

这是一个上下立交桥的弯道,中间车道线是双黄实线,双黄实线的左右两侧分别有菱形标线(图 5-26)。

图 5-26　上下立交桥弯道示意图

 潜在风险

在双向单车道的弯道存在车辆跨线与对向车辆产生交集,甚至刮剐碰撞的风险。

 风险预判与防御技巧

在立交桥驾驶,由于弯道比较多,在进入弯道之前,要提前控制车速,避免因快速进入弯道导致方向失控;在拐弯比较急的路段(图 5-27),如果由于速度过快而采取紧急刹车来控制车速的话,容易造成车辆撞墙甚至侧翻

在控制好自己车速的同时,也要预防对向来车,特别是在上坡时遇

5-8 立交桥双向车道弯道下坡的风险预判、防御技巧

到对向下坡车辆快速开过来，对方压线或者骑线行驶时，就要减速，甚至停下来让对方车辆先过，尽可能避免与对向车辆产生交集。

图 5-27　弯道风险预判示意图

5-8 动画

■■■ 小　结 ■■■

在弯道驾驶，特别是在双向车道的立交桥弯道驾驶，除遵循减速入弯、避免紧急刹车的原则外，还要特别注意对向来车的动向，如果发现对向来车速度快、有失控迹象，要主动减速甚至停车避险。

九、特殊路口行驶方向的风险预判、防御技巧

在一些车道较多的特殊路口，由于环境的原因，车道设置会比较特殊，光凭经验开车往往会出错。另外，其他车辆突然变道的情况也比较多，容易产生交集。本节内容对此做实景案例讲解。

 场景介绍

上方道路标牌显示，当前道路有 6 个车道，其中第 1、2 车道和第 4、5 车道是直行车道，第 6 车道是公交车道，视频车所在的第 3 车道是右转弯车道（图 5-28）。这里区别于其他路口的就是，右转车道设在了中间，而不在最右侧。

第五章 特殊路段风险防范

图 5-28 路口车道设置示意图

 潜在风险

右转车辆错误借道公交车道右转，被抓拍处罚的风险；直行车辆误入右转车道的违规风险；临近导向车道，连续变道造成剐蹭事故的风险。

 风险预判与防御技巧

临近车道较多的路口，要提前观察上方道路标牌，及早按照对应导向车道的标线行驶，预防临近导向车道时再临时变道带来的被动与风险；主动观察其他车道车辆行驶动态，及时发现有临时变道迹象的车辆，预防与其产生交集。

5-9 特殊路口行驶方向的风险预判、防御技巧

像画面中出租车这种做法，就是典型的违规连续变道（图 5-29），既有被抓拍处罚的可能，又有临时连续变道与其他车辆产生交集的风险。停在右侧公交车道内的出租车，就是经验主义的体现，一次停车可能面临两种违规，即违规借道公交车道和不按导向车道行驶。

假如在这种路口，不小心走错了车道，预防违规和临时变道风险的最佳方式就是将错就错，继续按照该车道导向行驶，等过路口以后再找合适的路口掉头或绕行，虽然路远一些，但可以有效避免风险。

图 5-29　车辆连续变道动态示意图

5-9 动画

■■ 小　结 ■■

当即将到达较大路口或者对该路口不够熟悉时，提前使用导航系统，按照导航指示提前变道，预防临时变道带来被动和风险。误入车道不可怕，可怕的是没有预案，反而让损失最大化。

十、坡道弯路 T 形交叉路口的风险预判、防御技巧

无信号灯的坡道弯路 T 形交叉路口属于风险高发路段，车辆在从支路进入主路时更要格外注意。本节内容通过实景介绍三个风险点的防御技巧。

 场景介绍

右侧路边三角警示标牌显示（图 5-30），前方是一个 T 形交叉路口。这个 T 形交叉路口的地形比较特殊。

首先，当前道路与右侧所交叉的道路目前还处于并行状态，交叉位置就在前方右转弯的地方，相当于一个横着的小写字母"h"；其次，右侧即将相交的道路是一条河堤道路，地势较高，现在这条路开过去一直处于上坡路段；再次，不宽的弯道的左右两边除了停有车辆，还有树木、绿化带，遮挡着观察路口的视线（图 5-31）；最后，非机动车、行人往来不绝，交通参与者复杂（图 5-32）。

图 5-30　T 形交叉路口示意图

图 5-31　路口视线遮挡示意图

图 5-32　复杂路况示意图

⚠ 潜在风险

车辆转弯时与左右两侧非机动车产生剐蹭的风险；车辆进入主路时，与主路往来车辆产生交集的风险。

🚘 风险预判与防御技巧

技巧一：准备打方向盘转弯前，观察左右两侧后视镜和左右侧车窗外（图5-33），看车身两侧有没有非机动车及行人，防止在接下来向左或者向右转弯时挤到他们。

5-10 坡道弯路T形交叉路口的风险预判、防御技巧

图 5-33 转弯前观察路况示意图

技巧二：向右扭头，观察右侧有没有来车，防止进入不宽的河堤道路时，与之产生交集。

技巧三：向左侧观察（图5-34），看有没有机动车和非机动车正在接近路口，避免正在进入时，对方来不及减速。

图 5-34　进入主路观察路况示意图

■■ 小　结 ■■

5-10 动画

　　在坡道弯路 T 形交叉路口行驶，由于受到交通参与者较多、地形复杂、视线遮挡等多重因素影响，因此进入路口要谨慎，需要按照以上三个技巧的顺序进行观察。有必要的情况下，停车观察、确认安全后再通过。